Über den Autor:

Kurt Tepperwein, geboren 1932, war erfolgreicher Unternehmer, ehe er sich 1973 aus dem Wirtschaftsleben zurückzog. Er wurde Heilpraktiker und lehrte als Dozent an verschiedenen internationalen Instituten. Seit 1997 ist er Dozent an der Internationalen Akademie der Wissenschaften. Die von ihm entwickelte Technik des Mental- und Intuitionstrainings ist heute für viele Menschen unverzichtbarer Bestandteil ihres Lebens. Kurt Tepperwein ist Autor von mehr als 50 Büchern. Er lebt auf Teneriffa.

Kurt Tepperwein

Praxisbuch
Mental-Training

Entspannen – Neue Kraft schöpfen –
Das Leben gestalten

Besuchen Sie uns im Internet: www.droemer-knaur.de
Alle Titel aus dem Bereich MensSana finden Sie im Internet unter
www.mens-sana.de

Vollständige Taschenbuchausgabe Dezember 2008
Knaur Taschenbuch.
Ein Unternehmen der Droemerschen Verlagsanstalt
Th. Knaur Nachf. GmbH & Co. KG, München
Copyright © 2006 Heinrich Hugendubel Verlag, München
Alle Rechte vorbehalten. Das Werk darf – auch teilweise –
nur mit Genehmigung des Verlags wiedergegeben werden.
Umschlaggestaltung: ZERO Werbeagentur, München
Umschlagabbildung: getty images
Satz: Pinkuin Satz und Datentechnik, Berlin
Druck und Bindung: CPI – Clausen & Bosse, Leck
Printed in Germany
ISBN 978-3-426-87420-2

2   4   5   3

Inhalt

Vorwort

Mittlerweile ist es genau 20 Jahre her, dass mein Standardwerk »Kraftquelle Mental-Training« erstmals veröffentlicht wurde. Es wurde inzwischen in zahlreichen Auflagen immer wieder bestätigt und ist heute noch genauso gültig wie damals, da es sich letztendlich bei den Gesetzen des Geistes um ewige Wahrheiten handelt.

Allerdings hat gerade das menschliche Bewusstsein in den letzten 20 Jahren eine enorme Entwicklung erfahren. Das Mental-Training hat seinen Gang in die Praxis gut bestanden, ist heute weltweit populär und durch eine ganze Reihe von Erfahrungen, Beispielen und neuen Techniken erweitert worden. Aus diesem Grund möchte ich Ihnen heute, nach 20 Jahren weiterer Erfahrung, ein neues Buch an die Hand geben, das Sie auf Ihrem Lebens- und Erfolgsweg unterstützen soll. Mit vielen Beispielen und Übungen finden Sie hier ein reichhaltiges Menü vor, aus dem Sie frei auswählen können. Dieses Buch eignet sich für jeden Menschen, der Erfolg und Glück sucht. Derjenige, der Heilung, Auflösung von Belastungen oder kontraproduktiven Mustern sucht, ist mit diesem Praxisbuch ebenso gut bedient wie derjenige, der mit den bisher zur Verfügung stehenden Methoden noch nicht den gewünschten Erfolg erzielen konnte. Und derjenige, der bereits seit Jahren erfolgreich das Mental-Training anwendet, findet in diesem Buch praxisnahe Hinweise, um die eigene Erfolgsoptimierung noch zu präzisieren.

Der achtstufige Aufbau des Buches zeigt Ihnen, wie Sie vorgehen sollten, um Ihren Erfolg zu sichern:

1. Zuerst einmal müssen Sie zu sich selbst finden, denn wenn Sie nicht bei sich selbst angelangt sind, erweist sich jede Bewusstseinstechnik als sinnlos. Dazu gehört insbesondere, die Verantwortung für das eigene Leben zu übernehmen, Fehlinterpretationen über andere und die Vergangenheit loszulassen, sich um seine eigenen Angelegenheiten zu kümmern, Vorstellungen und Erwartungen loszulassen, aufzuhören im Außen nach Liebe, Anerkennung und Wertschätzung zu suchen und die Kunst des wertfreien Beobachtens zu erlernen. Das Zu-sich-selbst-Finden entspricht beim Bogenschießen dem Spannen des Bogens, den Sie ja auch erst einmal zu sich hinziehen müssen, bevor Sie Ihren Pfeil dann weit von sich wegschießen können

2. Sind Sie bei sich selbst angelangt, ist es wichtig, erst einmal das »anzunehmen, was ist«. Denn jede mentale Aktivität, die aus einem Widerstand gegen das, was ist, herrührt, blockiert sich durch sich selbst. Sie kommen deshalb im zweiten Kapitel dem Widerstand auf die Spur und lernen ihn zu beenden. Indem Sie in Einklang kommen mit dem, was ist, beenden Sie die »Tagtrance« und sind im Hier und Jetzt gelandet.

3. Im Hier und Jetzt erleben Sie die Kraft der Aufmerksamkeit, die die Basis für sinnvoll angewandtes Mental-Training ist. Sie lernen deshalb im dritten Kapitel die Aufmerksamkeit zu steuern und – unabhängig von der Situation – stets auf das umzulenken, was für Sie erstrebenswert ist.

4. Jetzt sind Sie bereits auf dem richtigen Weg, erkennen aber, dass die bisherige Kapazität erweitert werden muss. Nachdem Sie gelernt haben, die Aufmerksamkeit zu steuern,

lenken Sie sie im vierten Kapitel ganz gezielt auf positive Qualitäten, die Sie hinzugewinnen wollen und die Ihnen helfen, Probleme zu lösen, Wünsche zu erfüllen, Ziele zu erreichen. Sie bewegen sich dabei vom Vorbild zum In-bild, bis Sie erkennen, dass Sie im Grunde genommen jede beliebige positive Qualität aufnehmen können.

5. Erfüllt mit positiven neuen Qualitäten entwickeln Sie jetzt Konzentrationsfähigkeit, die die Basis für das später durch-geführte Mental-Training ist. Sie lernen im fünften Kapitel beispielsweise, anderen positive Energie zu senden und Ihre Intuitionsampel einzurichten.

6. Das sechste Kapitel geht über das Geschaffene hinaus, in-dem es die Kraft der Imagination, Phantasie und Vorstel-lungen jenseits des bisher Gedachten anbietet. Dazu ge-hört auch die Gabe, die Aufmerksamkeit auf eine mögliche Lösung gerichtet zu halten, die Sie noch nicht kennen. Erst mit dieser Bewusstheit ausgestattet, sind Sie in der Lage, Ihre Ziele nicht nur aufgrund Ihrer Wünsche, sondern auch weise zu wählen.

7. Im siebten Kapitel können Sie sich deshalb aufmachen, Ihre Ziele herauszufinden, exakt zu formulieren und anzusteu-ern. Hierbei helfen Ihnen auch neueste Mental-Techniken, die eine optimale Performance sichern: »Zur rechten Zeit in Topform!«

8. Im achten Kapitel lernen Sie, das Erkannte, unterstützt von Schnell- und Verstärkungstechniken, einzusetzen zum Wohle von sich selbst und anderen. Sie finden sich mit Gleichgesinnten zusammen, übernehmen Ihre Mitverant-wortung für das große Ganze und öffnen das Tor des Him-mels.

Es obliegt Ihnen, wie Sie mit dem Buch umgehen:

- Sie können es von vorn bis hinten lesen wie einen Roman. Der eben skizzierte Aufbau mag Ihnen dabei helfen, die Logik zu erfassen und zu erkennen, warum beispielsweise die Reise zum Erfolg bei Ihnen selbst beginnen muss.

- Sie können natürlich die für Sie gerade wichtigen Themengebiete aus dem Inhaltsverzeichnis herauspicken: Dann lesen Sie immer genau das, was für Sie jetzt am wichtigsten ist. Dieses Verfahren ist insbesondere dann empfehlenswert, wenn Sie das Buch bereits gelesen haben und die für Sie bedeutsamen Passagen bereits kennen.

- Sie können sich auf die Beispiele konzentrieren und daran lernen, Sie erkennen sie leicht in der Buchgestaltung.

- Sie können sich daranmachen, die Übungen durchzuführen, die für Sie besonders wichtig sind. Am Ende des Buches finden Sie eine Übersicht über sämtliche in diesem Buch angebotenen Übungen, so dass Sie sich je nach Bedarf genau die Übung heraussuchen können, die Ihnen momentan guttut.

Als Microsoft vor vielen Jahren das Betriebssystem »Windows« herausgebracht hatte, war dies eine Sensation. Es war das erste System, das dem Anwender gestattete, auf vielerlei Funktionen und Wegen zu seinem jeweils wichtigen Dokument, Menü oder nächsten Arbeitsschritt zu gelangen. Vielleicht ist dieses Buch vergleichbar mit Windows, da Sie in dem reichhaltigen Menü vor- und zurückblättern können, wie es Ihnen beliebt. Vielleicht ist es aber auch noch aus einem weiteren Grund vergleichbar: Weil es Ihnen möglicherweise Fenster zu einer anderen Wirklichkeit öffnet. Dabei wünsche ich Ihnen viel Freude.

Ihr Kurt Tepperwein

Mental-Training – was ist das?

Das Wort Mental-Training setzt sich aus den beiden Begriffen »Mental« und »Training« zusammen. Wir trainieren, um uns in eine gute Kondition zu versetzen. Die Chinesen verwenden dafür den Begriff *Kung Fu*, was nichts anderes bedeutet als »durch Üben etwas erreichen«. Was Sie also in diesem Buch lernen können, ist die hohe Schule des »Mental Kung Fu«. Dazu gehört nicht nur die Fokussierung auf äußere Ziele, sondern auch, das Mental-Training für seelisches Wachstum, körperliche und seelische Gesundheit und die Überwindung von scheinbar Negativem einzusetzen. Wir alle wissen, wie wichtig es ist zu üben, um in einem Lebensbereich Erfolg zu haben:

- Opernsänger trainieren jahrelang, bevor sie auf die Bühne gehen.
- Der Dirigent lässt sein Orchester wieder und wieder proben, um eine perfekte Aufführung zu erreichen.
- Gute Redner proben ihre Rede immer wieder, sprechen sie auf Band oder vor dem Spiegel.
- In Flirtkursen lernt der Schüchterne, die Dame seines Herzens zu gewinnen.
- Praktikanten der Medizin üben Eingriffe wieder und wieder, um gute Chirurgen zu werden.
- Einkäufer üben ihre Verhandlungstechniken immer wieder, um sich nicht über den Tisch ziehen zu lassen.
- Fahrschüler trainieren das Autofahren, bevor sie ihre Führerscheinprüfung ablegen.
- Golfspieler üben denselben Abschlag immer wieder, bis er perfektioniert ist.

- Volleyballer proben ihr Zuspiel, um sich aufeinander einzustimmen.
- Boxer üben Schlagkombinationen, um ihren Gegner zu besiegen.
- Bodybuilder trainieren an Geräten, um ihre Muskeln zu stählen.

Im Gegensatz zu den meisten Trainingssituationen benötigt das mentale Training kein Gegenüber. Natürlich steigert es die Konzentration, wenn mehrere Menschen gemeinsam üben, es ist aber nicht nötig. Es gibt keinen Ort auf der Welt, an dem es nicht möglich wäre, mental zu trainieren. Sogar eigentlich nicht so beliebte Orte können für das Mental-Training genutzt werden:

- der Stau auf der Autobahn
- das Wartezimmer beim Arzt
- das »stille Örtchen«
- die Warteschlange im Supermarkt

Im Gegensatz zum körperlichen Training findet das mentale Training im Geiste, also in der Vorstellung statt. Doch gehen körperliches Training und mentales Training oft Hand in Hand. Schließlich ist es so, dass wir durch Training, sei es körperlich oder mental, unser Selbstbild, unsere Reaktionen und unser Denken positiv verändern:

- Wir können uns vorstellen, eine perfekte Vorhand beim Tennis zu spielen, oder sie tatsächlich üben.
- Wir können einen Vortrag in Gedanken halten oder ihn vor uns hin sprechen.
- Wir können eine anstehende Verkaufsverhandlung in Ge-

danken durchgehen oder mit einem Kollegen vorbespre-
chen.

Nicht umsonst sagt man: »Deine Gedanken sind dein Schicksal.« Oder, wie ein weiser Mann es formulierte:

> »Vom Gedanken zur Tat,
> von der Tat zur Gewohnheit,
> von der Gewohnheit zum Charakter,
> vom Charakter zum Schicksal.«

Der Mensch hat gelernt, das Größte wie das Kleinste zu beherrschen, die Mikrobe wie die Atombombe, nur eines hat er
nicht gelernt zu beherrschen: seine Gedanken.
Wissenschaftler haben herausgefunden, dass der Mensch etwa
40 000 Gedanken pro Tag denkt. Leider sind nicht alle davon
positiv. Die meisten Gedanken sind auch gar nicht selbst gewählt. Ein Weg, mentales Training zu betreiben, liegt darin,
die Vielfalt der Gedanken zu sammeln, sie zu bündeln, auf einen Punkt zu lenken und genau dort durchzubrechen zu einer
neuen, selbstbestimmten Wirklichkeit. Das mentale Training
nennt dieses Instrument auch den »Gedankenlaser«.

Was die meisten Menschen tun, wenn sie glauben, dass sie
denken, ist nichts anderes als »mentale Schallplatten abspie-
len zu lassen«. Aus diesem Grund nützt es auch nichts, ein-
oder zweimal am Tag positiv zu denken und dann den Rest
des Tages so weiterzumachen wie bisher. Mentales Training
ist ein Training, das den ganzen Tag über stattfindet in dieser
Schule des Lebens, deren Lehrer der Herr Dr. Alltag ist.
Die Gesetze des mentalen Trainings sind weder moralisch
noch unmoralisch, sie haben mit gesellschaftlichen Normen

nichts zu tun. Wenn ein Apfel vom Baum fällt und somit dem Gesetz der Schwerkraft gehorcht, ist er deshalb weder gut noch böse. Und so verwirklicht das Leben Ihre Gedanken und geistigen Einstellungen unabhängig davon, ob Sie diese als gut oder als böse klassifizieren. Wenn wir die Gesetze des Geistes nicht kennen, können wir es noch so gut meinen, wir werden immer wieder mit dem Leben kollidieren, so wie ein Autofahrer mit dem Straßenverkehr kollidiert, wenn er nicht begreift, dass das runde Ding vorn ein Lenkrad ist.

Warum fällt es nicht jedem leicht, sofort positiv zu denken und zu allem, was ihn umgibt, eine optimale Einstellung zu gewinnen? Eine Antwort könnte sein: Weil wir alle eine »Schwungmasse« mitbringen. Wir leben nicht erst seit dieser Geburt, sondern wir sind Bewusstsein, inkarniert in die belebte Gestalt, mit der wir uns derzeit identifizieren. Nach dem Tod werden wir möglicherweise in einem neuen Körper inkarnieren und die alten Gewohnheiten und Erkenntnisse in den neuen Körper mitnehmen. Jahrmillionen der Evolution, alter Neigungen und Gewohnheiten lassen sich nicht von heute auf morgen über Bord werfen. Aber wir können eine Menge dafür tun, um uns im Rahmen unserer Möglichkeiten weiterzuentwickeln.

Ein anderes Bild, das ich Ihnen geben möchte, ist das von einem Stück Land, das Sie besäen. Immer wieder kann es sein, dass Unkraut sprießt und herausgezogen werden muss. Aus diesem Grund bezieht das vorliegende Buch auch die Bearbeitung von eventuellen Hindernissen mit ein. Was auch immer Ihr Anliegen sein mag, das mentale Training ist ein hilfreiches Instrument für alle Lebenslagen.

Nun gibt es Menschen, die behaupten: »Ich habe mein Leben lang positiv gedacht, dabei ist alles schiefgelaufen!« Diese Menschen haben vielleicht das Unangenehme, das nicht

Stimmige nur verdrängt und geglaubt, es genüge, nach dem Motto zu leben: »Mach es wie die Sonnenuhr, zähl die heiteren Stunden nur!« Doch wenn wir das Ungelöste verdrängen, verhalten wir uns wie Ikarus, der süchtig nach der Sonne war und wieder recht unsanft auf der Erde landete.

Gerade wenn wir uns aufmachen, unser Leben selbst zu gestalten, werden wir mehr denn je mit Ungelöstem konfrontiert, nämlich genau mit dem, was unserer Verwirklichung bisher im Wege stand. Zu diesem scheinbar Negativen gehören nicht nur negative Gedanken, sondern auch Gewohnheiten und Muster, die sich im Laufe von mehreren Inkarnationen möglicherweise zu einem richtigen Knäuel verstrickt haben. Auch diese lassen sich mit Hilfe der hier gezeigten Techniken auflösen.

Was uns also hilft, mit unserem Mental-Training Fortschritte zu erzielen, ist nicht nur die Ausrichtung auf ein Ziel, unsere Vision. Wir sollten auch die besagte Schwungmasse einbeziehen und unsere gegenwärtige Lebenssituation und den Stand unseres Bewusstseins beachten. Dies bedeutet, sich selbst dort abholen, wo man gerade steht, mit allen Herausforderungen, die gerade zu bewältigen sind. Hierbei ist Selbstannahme wichtiger als eitle Selbstüberhöhung. Die Gabe, sich selbst und die eigenen Grenzen wachsam zu beobachten und liebevoll und bewusst mit dem umzugehen, was ist, sichert Ihnen nachhaltige und bleibende Fortschritte. Sie ersteigen den Berg des Bewusstseins, abgesichert durch das Seil, das Ihnen zusichert: »Du kannst nicht tiefer fallen als in Gottes Hand.« Die Haken, mit denen Sie Ihr Seil absichern können, sind die Techniken, die Ihnen in diesem Buch gegeben werden. So kommen Sie auf Ihrem Weg Schritt für Schritt voran.

Im Gegensatz zum Tier, das seinen Instinkten und Trieben unterworfen ist, sind wir in der Lage, über uns selbst zu reflektieren und unser Bewusstsein auszurichten. Indem wir unser animalisches Erbe weise von dem Getriebensein zu einem mehr und mehr selbstbestimmten Leben führen, gewinnen wir uns selbst.

Was macht die Praxis des Mental-Trainings so wertvoll?

Seit Jahrtausenden gibt es ein geheimes Wissen der Menschheit, das stets nur einigen wenigen Eingeweihten zugänglich war, die dadurch zwangsläufig machtvoller und erfolgreicher waren. Mit Hilfe dieses Wissens haben sie nicht nur ihr eigenes Leben und Schicksal frei bestimmt, sie wurden auch zu den führenden Persönlichkeiten ihrer Zeit. Früher konnte man dieses Wissen nur nach langen Jahren der Vorbereitung, der Einweihung und nach einigen schweren Prüfungen erlangen, denn es wurde streng geheim gehalten, um einen Missbrauch zu verhindern. Heute jedoch entscheiden Sie selbst, ob Sie dieses geistige Erbe in Besitz nehmen wollen. Früher waren es die Geheimgesellschaften, Sekten und Logen, die dieses Wissen von Generation zu Generation weitergaben. Doch selbst innerhalb dieser geheimen Vereinigungen dauerte es Jahre, bis dem Schüler die allerhöchsten Erkenntnisse offenbar wurden. Aber die Zeiten haben sich geändert. Die Menschen sind reifer geworden, und heute sollte jedem die Möglichkeit gegeben werden, mit diesen gewaltigen Kräften des Geistes umzugehen, um dadurch zur Meisterschaft zu gelangen: der Meisterschaft über sich selbst und das eigene Schicksal.

Um mit diesen geistigen Kräften und Gesetzen umgehen zu können, bedarf es jedoch eines Weges und einer sicheren Führung. Ein solcher Weg ist die Praxis des Mental-Trainings.

Mental-Training ist ein universell wirksames System, das Ihre Wünsche verwirklicht und Ihnen zeigt, wie Sie Ihr Leben aktiv gestalten können. Es handelt sich hierbei um eine Möglichkeit, frei von religiöser Zugehörigkeit und an keine Vereinigung gebunden, gewünschte Ziele durch den Einsatz geistiger Kräfte zu erreichen, bestehende Probleme zu lösen und in allen Bereichen des Lebens erfolgreicher zu werden. Sie brauchen für das Mental-Training keinen besonderen Glauben. Was Sie brauchen, ist die klare Absicht, Mental-Training einzusetzen. Sie werden sehen, mit dieser Methode sind Ihre Möglichkeiten unbegrenzt:

- Wollen Sie sich beruflich verbessern oder Ihre Finanzlage optimieren?
- Suchen Sie eine neue, bessere Stellung?
- Haben Sie ein spezielles persönliches oder gesundheitliches Thema, das Sie angehen möchten?
- Wollen Sie Ihre geistige Entwicklung beschleunigen und wahre Selbstverwirklichung erlangen?
- Möchten Sie die geistigen Zusammenhänge hinter den Dingen erkennen und für Ihre Entwicklung nutzen?
- Wollen Sie den Sinn Ihres Lebens erkennen und somit den Willen der Schöpfung und der Evolution erfüllen?

Auch wenn es unglaublich klingt: In allen diesen Fällen bietet Ihnen die Praxis des Mental-Trainings die Lösung.

Der Sinn des Lebens ist Evolution, Entwicklung. Mental-Training gehört zum natürlichen Entwicklungsweg des Lebens – die Entfaltung des physischen, emotionalen, mentalen und spirituellen Potenzials in jedem Menschen. Kein Spitzen-sportler, kein Manager kann sich ohne Mental-Training an der Spitze halten. Doch ganz gleich, an welchem Platz ein Mensch steht, mentales Training ist der optimale Weg zur Entfaltung der eigenen Fähigkeiten und zur wahren Selbst-verwirklichung.

Die hier vorgestellte Methode basiert auf uraltem Geheimwis-sen, das mit modernsten Bewusstseinstechniken kombiniert wurde. Es bietet einen universellen, für jeden geeigneten geistigen Werkzeugkasten, der das schöpferische Potenzial im Menschen wirksam werden lässt. Mittels Mental-Training können Sie den Kontakt mit der höchsten Kraft des Univer-sums herstellen und damit Ihr geistiges Erbe antreten. Aber: Bewusstseinstechniken und ihren souveränen Einsatz muss man eben erlernen, wie man Laufen, Sprechen, Radfahren oder Schwimmen lernen muss.

Alles, was existiert, ist zuvor gedacht worden. Es gibt keine Wirklichkeit ohne den entsprechenden Gedanken, der voraus-ging. Das gilt für das Angenehme und Erwünschte ebenso wie für das Unangenehme. Was Ihnen im Leben Grenzen setzt, ist stets das Denken. Gerade beim Denken meinen viele, dass man das doch von selbst könne, dabei nutzt der Mensch nur zehn Prozent seiner geistigen Kapazität, 90 Prozent liegen brach.

Mit Hilfe des Mental-Trainings lassen sich sogar schwerwie-gende Probleme und Blockaden lösen. Nehmen Sie sich selbst in Besitz und beginnen Sie die Schöpfung mitzugestalten. Er-kennen Sie, wer Sie wirklich sind und welchen Sinn Ihr Leben hat. Erreichen Sie mittels neu entwickelter Bewusstseinstech-niken nicht nur die Ziele, die Ihnen am Herzen liegen, sondern sorgen Sie auch dafür, dass Sie zur rechten Zeit in Topform sind, dass Ihre »Performance« stimmt. Eines Tages werden Sie dann das Tor des Himmels öffnen und erkennen, dass Sie das wahre Glück nur in sich selbst finden können. Natürlich wird es Ihnen dann auch überall in der äußeren Welt begegnen, denn die äußere Welt ist ja nur ein Spiegel Ihres Inneren. Das mentale Training hilft Ihnen, Ihren individuellen Weg zu finden, mit den Schritten, die Sie für richtig halten. Es führt Sie von dem Platz, an dem Sie jetzt stehen, zu Ihrem eigentlichen Ziel – zu sich selbst.

Wer garantiert Ihnen den Erfolg? Natürlich Sie selbst! Das Mental-Training ist ein in sich ausgewogenes und fein abgestimmtes System. Sobald Ihr Ego zurücktritt und Sie bereit sind, Ihr Leben in die Hand zu nehmen, wird Ihren Erfolg nichts mehr aufhalten können. Sie werden Ihre geistige Kapazität sofort erhöhen und Ihr ganzes inneres Potenzial nutzen. Mental-Training ist geistiges Bodybuilding.

Was das Mental-Training so wirkungsvoll macht, hängt mit den drei grundlegenden schöpferischen Kräften zusammen, die das Leben des Menschen Tag für Tag bestimmen:

- Die Aufmerksamkeit, insbesondere bezüglich der eigenen Gedanken: Es gibt nichts auf der Welt, was nicht durch Steuerung der Aufmerksamkeit bestimmt oder zumindest mitbestimmt wurde. Das Mental-Training wird Ihnen zeigen, wie Sie dieses natürliche Potenzial richtig und wirkungsvoll einsetzen können.
- Das Unterbewusstsein, hier auch Körper-Unterbewusstsein genannt: Sie werden erfahren, wie Sie Kontakt mit Ihrem Unterbewusstsein aufnehmen können, um seine unbegrenzten Möglichkeiten und Fähigkeiten zu aktivieren.
- Das Überbewusstsein, auch »hohes Selbst« oder »höheres Selbst« genannt: Diese dritte Macht des Menschen ist

gleichzeitig die größte und weitreichendste Kraft, die Ihnen zur Verfügung steht. Sie tritt als »Innerer Meister« in Erscheinung.

Die nächsten Kapitel zeigen Ihnen, wie Sie diese Kräfte zusammenführen können, um aus Ihrem Leben ein Meisterwerk zu machen. Durch die Vereinigung dieser Kräfte stehen Ihnen Möglichkeiten offen, die an Wunder grenzen. Und doch basiert alles auf natürlichen geistigen Gesetzen. Die Praxis des mentalen Trainings macht Sie mit diesen ewig gültigen Gesetzen der Verwirklichung und ihrer Anwendung vertraut.

Was würden Sie sagen, wenn Ihnen jemand einen Zauberstab gäbe, mit dessen Hilfe Sie alle unerwünschten Situationen und Probleme verändern könnten? Würden Sie sich trauen, ihn anzunehmen und davon Gebrauch zu machen? Nun, Sie haben ihn bereits, Sie sind damit geboren! Aber nur wenige erkennen, was sie da zur Verfügung haben und wie sie es einsetzen können. Sie als Mensch besitzen etwas, was die übrige Natur nicht besitzt: die Fähigkeit zu reflektieren und Dinge bewusst zu wandeln. Mit Ihren potenziell unbegrenzten Möglichkeiten können Sie Ihr Schicksal positiv beeinflussen.

Man kann als geistiger Hilfsarbeiter durchs Leben gehen, als Handwerker, der seine Sache versteht, oder als Künstler, der aus seinem Leben ein Kunstwerk macht. Dazu braucht man aber optimale geistige Werkzeuge, wie sie in dem vorliegenden Buch angeboten werden. Denn mit unzureichendem Werkzeug kann auch ein Künstler kein Kunstwerk schaffen. Das geeignete Werkzeug sind die vielen Übungen des Mental-Trainings.

Wir denken etwa 40000 Gedanken am Tag. Leider sind bei den meisten Menschen fast alle unwichtig, viele sogar negativ. Sie denken hin und her und zerstreuen das wunderbare

Potenzial ihrer schöpferischen Urkraft, anstatt sie konzentriert auf ein Ziel zu lenken und so zu erreichen, was immer sie wollen. Die meisten Menschen können ihre Wünsche nicht realisieren, weil sie ihr Denken nicht beherrschen. Das Bewusstsein, das dafür notwendig wäre, wird getrübt durch den Widerstand gegen das, was ist, und eine Verhaftung an die äußeren Umstände. So müssen wir erst einmal zu uns selbst finden und annehmen, was ist. Dann wird die Energie verfügbar und kann für die eigentlichen Aufgaben, die Steuerung der Aufmerksamkeit, die Gedankenführung, Zielausrichtung und so weiter genutzt werden. Wir wollen Geschenke haben und dürfen nicht vergessen, dass wir nur das ernten können, was wir gesät haben.

Das Mental-Training ist ein Konzentrat des Wissens aus vielen geistigen Richtungen. Sie können hier lernen, dieses Wissen für sich zu nutzen und bewusst einzusetzen. Mental-Training enthält die Essenzen aus dem autogenen Training, der Selbsthypnose, Psychokybernetik, schöpferischer Imagination, Huna-Meditation, es umfasst Teile der buddhistischen Lehre des wertfreien Beobachtens, der Psychologie der Wirkungsquanten und modernster Coaching-Techniken. Methoden, die für die moderne Zeit erprobt, hilfreich und wirkungsvoll sind, die wirksamsten und überzeugendsten Techniken – alles das wurde in einem einzigen System zusammengefasst. Das macht die Praxis des Mental-Trainings so wertvoll.

Zu sich selbst finden

Die Verantwortung für das eigene Leben übernehmen

Wer ist verantwortlich für Ihr Schicksal? Im Wort »Schicksal« verbergen sich die Begriffe »schick« und »sal«. Früher wurde die Wortsilbe »sal« für das Heil verwendet. Wir kennen es beispielsweise aus den Ausdrücken »salve«, »salvador«, »salute«. Schicksal ist also »geschicktes Heil«. Dies bedeutet, dass das Schicksal, das uns widerfährt, uns eigentlich zum Heil dienen soll.

Die meisten Menschen weigern sich, die Verantwortung für ihre Probleme und ihr Schicksal anzunehmen, oft schieben sie es in die Ecke von »Schuld«, die Sphäre des moralischen Zeigefingers, in die es einfach nicht gehört. Viele Menschen sind eingeschnappt, weil ihnen die Schicksalsgöttinnen nicht einen Sechser im Lotto oder den idealen Partner ins Haus liefern. Sie fragen sich nicht, ob der Sechser im Lotto überhaupt segensreich für sie wäre oder ob sie selbst überhaupt in der Lage sind, dem anderen ein idealer Partner zu sein.

Henry Ford sagte einmal: »Erst kommt das Dienen, dann das Verdienen.« So manch einer glaubt, es würde ausreichen, einmal täglich sich selbst in der Phantasie als Millionär zu sehen, und alles würde sich von selbst fügen, und vergisst dabei völlig, dass sich seine Phantasie möglicherweise überhaupt nicht mit seinem Armutsbewusstsein verträgt, das er seit Jahrzehnten hegt. Mental-Training ist ein phantastisches Instrument, wenn Sie es richtig verwenden. Es erfordert allerdings auch die Bereitschaft, den Weg zu gehen, den es mit sich bringt, und sich entsprechend zu wandeln – nur so kann es auch die entsprechenden Früchte tragen. Erfolg möchte wie ein Baum aus dem Boden erwachsen und über tiefe Wurzeln gestützt und genährt sein – alles andere wäre ein Luftschloss, das den Menschen bald wieder unerfüllt zurücklässt. Damit Sie mit Ihrem mentalen Training Erfolg haben, ist es notwendig, dass Sie Ihr Leben in die eigene Hand nehmen und so korrekt und gewissenhaft wie möglich leben. Solange Sie irgendjemand anderem die »Schuld« an irgendeinem Mangel geben, geben Sie damit auch die Macht für die Gestaltung Ihres Lebens ab.

- Solange Sie Ihrer strengen Erziehung die Schuld dafür geben, dass Sie so gehemmt sind, werden Sie auch in Zukunft nicht frei und gelöst leben können.
- Solange Sie einem früheren Betrug die Schuld für Ihre momentane finanzielle Misere geben, werden Sie auch zukünftig keine Reichtümer erlangen.
- Solange Sie Ihren Partner beschuldigen, dass Sie wegen ihm Magengeschwüre haben (»Du machst mich krank!«), wird sich Ihr Gesundheitszustand nicht bessern.

Ich schreibe dies nicht aus Moralismus, sondern um das Gesetz zu verdeutlichen. Geben Sie jede Opferhaltung auf, sobald es Ihnen möglich ist. Geben Sie es mehr und mehr auf, andere für Ihr Schicksal verantwortlich zu machen. Indem Sie die Verantwortung für all das, was Ihnen widerfährt oder widerfahren ist, übernehmen und sagen: »Ja, das habe ich offenbar kreiert. Ja, es war offenbar notwendig, sonst wäre es mir nicht passiert«, übernehmen Sie die Mitverantwortung. So finden Sie, wie das Wort es bereits anklingen lässt, nach und nach die »Antworten« auf die Herausforderungen Ihres Lebens.

Eine Frau wurde irgendwann einmal von ihrem Freund betrogen. Sie entschied sich, es den Männern heimzuzahlen, und machte Karriere in einem typischen Männerberuf. Eines Tages war sie erfolgreicher als all ihre männlichen Kollegen. Als sie in meine Praxis kam, wirkte sie allerdings verhärmt und gab ihrem früheren Liebhaber die Schuld an ihrer Verbitterung. Erst als sie dem Mann verzeihen konnte und erkannte, dass sie selbst für ihr Liebesglück verantwortlich ist, begann sie aufzublühen und ihre Weiblichkeit wiederzuentdecken.

Ein Abteilungsleiter kam mit Herzbeschwerden und Leberzirrhose zu mir. Sein Beruf würde ihn verschleißen, sagte er. Auf näheres Befragen verriet er mir, dass er nach Feierabend regelmäßig in die nächstgelegene Kneipe ging, um sich seinen Frust von der Seele zu trinken. Die Wochenenden verbrachte er vor dem Fernseher, von dessen Programmen er sich wahllos berieseln ließ. Als er erkannte, dass nicht sein Arbeitgeber, sondern er selbst für seine Gesundheit verantwortlich sei, begann er seine Ernährung umzustellen, meldete sich in einem Fitnessstudio an und lernte Entspannungstechniken. Einige

Jahre später traf ich ihn zufällig wieder – er war um Jahre verjüngt und vitalisiert, eine attraktive Erscheinung. Darüber hinaus war er mittlerweile zum Direktor befördert worden.

Verantwortung zu übernehmen bedeutet, in Gedanken, Taten und Gewohnheiten so zu leben, dass Sie in jedem Augenblick Ihr Bestes geben. Mehr als sein Bestes kann keiner geben, aber mit weniger sollten Sie auch nicht zufrieden sein. Es geht nicht darum, dass Sie binnen 24 Stunden Millionär oder Weltmeister im Tennis werden. Es geht darum, dass Sie Stück für Stück die Verantwortung für Ihr Schicksal in die Hand nehmen und mehr und mehr ein selbstbestimmtes Leben führen. Am Anfang mögen die Erfolge Ihres neuen Lebensweges gering sein, doch je mehr Sie sich selbst und Ihrem neuen Kurs treu bleiben, umso stärker wird Ihr positiver Einfluss auf Ihr Leben sein. Stärker als das Schicksal der Menschen ist ihre Kraft, es zu tragen und letztendlich umzuwandeln.

Jeder Mensch ist Schöpfer, Träger und Überwinder seines Schicksals, das er durch seine Gedanken, Worte, Handlungen und Haltungen in diesem oder einem früheren Leben geschaffen hat. Am Schicksal, das einem Menschen widerfährt, können wir also viel darüber erkennen, wie er denkt und handelt, denn all das hat er selbst kreiert. Wenn es sich um ein gutes Schicksal handelt, sagen wir gern: »*Ich* habe diese Firma aufgebaut«; »Es war *mein* Verdienst, dass wir gewonnen haben.« Doch wenn uns etwas Unliebsames widerfährt, weisen wir gern die Verantwortung von uns. Dabei wäre genau beim Unangenehmen unsere Eigenverantwortung wichtig, da wir nur aus unserem Umfeld entlassen können, was wir angenommen haben. Mit der Leugnung der Verantwortung geben wir gleichzeitig die Macht zur positiven Veränderung weg. Es ist nicht unbedingt immer angenehm, dies wahrnehmen zu müssen, gibt Ihnen aber zugleich die Hoffnung an die Hand: Wenn Sie verantworten, das heißt im doppelten Wortsinn »einsehen« können, dass Sie selbst Missstände gesät haben, können Sie die Situation auch ändern.

Jeder Mensch, der den Erfolg und die Ganzheit sucht, muss sich früher oder später den Pflanzen stellen, die er gesät hat. Im Volksmund sagt man: »Die Suppe, die man sich einbrockt, muss man auslöffeln.« Das Mental-Training nun ist ein wunderbarer Weg, auch die »negative Schwungmasse«, die man durch ungeeignete Gedanken, Worte, Handlungen in Gang gesetzt hat, zu bremsen und wieder umzudrehen in eine positive Richtung. Unabhängig davon, was die Ursache Ihrer momentanen Situation ist, sollten Sie Missstände und Fehleinstellungen auflösen, damit Sie ein bestimmtes Erleben nicht (noch einmal) wiederholen müssen und positive Einstellungen fördern.

Es ist hierbei eigentlich egal, wo Sie gerade stehen. Sie brauchen mit niemand anderem zu konkurrieren als mit sich selbst. Auch wenn andere in dem einen oder anderen Lebensbereich weiter vorangeschritten sind als Sie – stören Sie sich nicht daran. Nehmen Sie sich selbst an mit allen Begrenzungen, gestehen Sie sich Ihre Schwächen einfach ein. Und entdecken Sie all die Möglichkeiten, die in Ihnen schlummern. Und dann machen Sie bescheiden, aber zielstrebig das Beste aus Ihrem Leben. Wenn Sie ein Käfer sind, brauchen Sie nicht mit dem Tempo eines Hasen zu konkurrieren. Bringen Sie stattdessen den Käfer in sich zur vollen Entfaltung. Akzeptieren Sie Ihre Grenzen, um eines Tages auch über diese hinauszugehen.

Die Vergangenheit und andere Menschen neu bewerten

Das Wort »ich« gibt genau das wieder, womit Sie sich identifizieren. Jedes Mal, wenn Sie das Wort »ich« in den Mund nehmen, hört Ihr Unterbewusstsein genau zu, was Sie sagen, und versucht dies zu verwirklichen. Nun geht es nicht darum, sich etwas vorzumachen und so zu tun, als seien Sie Mr. Perfect oder Mr. Right. Damit würden Sie vielleicht nur ein negatives Selbstbild verdrängen und ein »Dr. Jekyll & Mr. Hyde«-Syndrom erzeugen. Sie wissen nicht, was das ist? Nun, es gibt die Geschichte vom ehrenwerten Dr. Jekyll, der sich des Nachts in ein Monster, Mr. Hyde, verwandelt und als solcher sein verdrängtes Ich auslebt. Wenn Sie positiv über sich sprechen, sollten Sie das scheinbar Negative schon im Bewusstsein haben, Sie können es dabei aufmerksam umlenken. Hier hilft Ihnen die Frage: »Was war denn positiv daran?« Hierfür einige Beispiele von Klienten:

Negativ: »Ich war ein einsames und verschüchtertes Kind voller Angst vor der Welt, deshalb kann ich heute immer noch nicht in der Welt bestehen.«

Positiv: »Als ich ein Kind war, liebte ich es, mich zurückzuziehen und zu lesen. Daraus gewann ich großes Konzentrations- und Abstraktionsvermögen, das für mich und andere von enormem Wert ist.«

Negativ: »Mein Vater war streng und unberechenbar, auch wenn er mich sehr liebte; ich wusste nie, ob ich Tadel oder

Belohnung bekommen würde – deshalb versuche ich auch heute, mich durchs Leben zu mogeln, da man sich ja sowieso auf keine Gerechtigkeit verlassen kann.«

Positiv: »Die Erziehung meines Vaters lehrte mich, im Augenblick zu sein und mich ganz auf das einzulassen, was jetzt gerade ist – durch seine Unberechenbarkeit lernte ich zu fühlen, was ich fühle, und ganz damit zu sein, eine Gegenwärtigkeit, die mir auch heute noch hilft, gelassen den Unsicherheiten und Unberechenbarkeiten des Lebens entgegenzusehen. Dort, wo andere angesichts von Unklarheiten schwimmen, spüre ich festen Boden unter den Füßen, ich bin im Jetzt.«

Negativ: »Meine Mutter hatte mich vollgestopft mit ihren Problemen, auch wenn sie stets gut für mich gesorgt hat. Ich fühle mich deshalb auch heute noch sehr belastet.«

Positiv: »Schon sehr früh lernte ich von meiner Mutter, hinter die Fassaden zu schauen und die seelischen Nöte insbesondere von Frauen zu verstehen. Ich gewann dadurch ein enormes Einfühlungsvermögen und Wissen über die menschliche Psyche.«

Die nachfolgende Übung hilft Ihnen, für sich selbst einzutreten. In der Therapie nennt man dies auch »parenting« oder: »sich selbst bevatern« beziehungsweise »sich selbst bemuttern«. Dies bedeutet, dass Sie für sich selbst da sind, egal was geschieht und unabhängig davon, wie andere zu Ihnen waren oder sind.

Es ist nie zu spät für eine gute Vergangenheit. Sie brauchen sich nicht zu belügen, nehmen Sie das Erlebte, wie es war. Was Sie ändern können, sind Ihre Bewertungen darüber – wandeln Sie sie ins Positive. Erkennen Sie, dass die positive Bewertung genau so wahr ist wie die negative, vielleicht ist sie sogar richtiger. Das ist keine Schönfärberei, Sie orientieren sich bei der Neubewertung des Vergangenen lediglich auf den Nutzen, den Sie heute daraus ziehen können.

Neubewertung des Vergangenen

Zeichnen Sie eine Tabelle mit fünf Spalten. Fragen Sie sich nun, in welchem Lebensbereich oder aus welchem Abschnitt der Vergangenheit Sie ein negatives Selbstbild oder eine Opferrolle aufrechterhalten. Listen Sie fünf solche schwierigen Situationen Ihres Lebens in der ersten Spalte auf. In die zweite Spalte tragen Sie die negative Bewertung ein, die Sie aufgrund der Erfahrung vorgenommen haben. In der dritten Spalte notieren Sie das negative Selbstbild, das aus dieser Erfahrung entstanden ist. In die vierte Spalte schreiben Sie eine mögliche positive Interpretation der gleichen Sache. In die fünfte Spalte notieren Sie das positive Selbstbild, das daraus erwächst.

Versuchen Sie die Begriffe möglichst exakt zu treffen, auch wenn das Ausfüllen der Tabelle dann ein wenig länger dauert. Am besten halten Sie immer wieder inne und werden Sie ganz ruhig, um die treffenden Worte einfach auftauchen zu lassen. Wenn Ihnen nicht sofort das Richtige einfällt, könnten Sie die Frage im Bewusstsein halten, während Sie zum Beispiel Unterlagen sortieren, kochen oder spazieren gehen. Wenn Sie sich nicht sicher sind, notieren Sie für die Situation mehrere, zum Beispiel drei, positive Aussagen und finden daraus die zutreffendste. Wenn Sie immer noch Schwierigkeiten darin haben, das Positive zu treffen, könnten Ihnen die folgenden Fragen auf die Sprünge helfen:

- Was war denn gut daran?
- Wofür könnte die Situation günstigstenfalls gedient haben?
- Wenn ein gütiger Gott/ein gütiges Schicksal dies kreiert hätte, was könnte der höhere Sinn/das Lernfeld dahinter sein?
- Wenn es wahr ist, dass nichts zufällig geschieht, was könnte die verborgene Botschaft hinter dieser Erfahrung sein?

Belastete Erfahrung	Negative Bewertung	Negatives Selbstbild
Steffi lacht mich aus.	Ich habe mich blamiert.	Ich bin ein Idiot.
Ich breche bei einer Präsentation zusammen.	Ich habe versagt, an mir stimmt etwas nicht, nichts funktioniert.	Ich bin ein Versager.
Ich verlor mein ganzes Geld an einen Betrüger und landete auf der Straße.	Das Leben ist ungerecht, nur mit Betrug kommt man weiter.	Ich bin eine Schande der Gesellschaft und allen unterlegen.
Mein extrem reicher Onkel brachte sich um.	Erfolg treibt die Leute in den Suizid.	Ich bin genetisch belastet.
Mein großer Bruder stellte mich in Diskussionen durch persönliche Angriffe bloß und trat meine Ansichten mit Füßen.	Ich habe kein Recht auf einen eigenen Standpunkt und sollte mich vor jeder Diskussion drücken.	Ich bin unterlegen und kritischen Menschen nicht gewachsen.

- Was kann ich daraus lernen?
- Welche Untugend konnte/könnte ich hier in eine Tugend verwandeln?

Die nachfolgenden Beispiele von Klienten sind natürlich nur exemplarisch. Es kann sein, dass Sie selbst aus einer ähnlichen Situation völlig andere Neubewertungen gewinnen würden:

Positive Bewertung	Positives Selbstbild
Ich habe versucht, ihre Liebe zu gewinnen	Ich bin ein Grenzgänger.
Das Leben in seiner Güte hat mich an Mäßigkeit erinnert.	Ich bin sehr gut auf Stimmigkeit einjustiert worden.
Was die Welt im Innersten zusammenhält, durfte ich von der Pike auf lernen.	Ich bin von den Masken und den Spielchen unserer Zivilisation befreit worden.
Der Schlüssel zum Glück liegt woanders.	Ich lernte schon früh, mein Glück in Wesentlichem zu suchen.
Mein großer Bruder hat sich große Mühe gegeben, mich von Eitelkeit zu befreien und bei mir selbst zu bleiben.	Ich bin darin trainiert worden, genau hinzuschauen, wo meine Perlen gewürdigt werden, und nur zu geben, was wirklich auch ankommt.

Empfehlung: Behalten Sie diese Tabelle der Neubewertung bei sich. Zeigen Sie sie nicht herum. Denn andere Menschen könnten Ihnen Ihre positive Bewertung streitig machen wollen. Sie werden möglicherweise sagen: »Du und befreit von Masken! Das ist das Brot der Armen, du bist nicht befreit, sondern ein Versager, dessen wir uns schämen müssen.« Um solchen Gesprächen aus dem Weg zu gehen, erarbeiten Sie sich diese Punkte und sprechen Sie fortan nur noch in den positiven Neubewertungen – wie Sie an diese gelangt sind, darf Ihr Geheimnis bleiben. Gehen Sie besser in Distanz zu Menschen, die Sie in einer negativen Bewertung festhalten wollen, da diese Ihren Erfolg nicht fördern, sondern Sie nur als Projektionsfläche für eigene ungelöste Themen missbrauchen.

Bewahren Sie sich die Kunst des positiven Selbstgesprächs und der positiven Bewertung auch im Alltag, wenn Sie von frisch Erlebtem erzählen.

Drei Arten von Angelegenheiten

Viele unnötige Probleme fallen weg, sobald Sie aufhören, sich in die Angelegenheiten anderer Menschen einzumischen, und zwar in Gedanken, Worten und Taten. Wie in dem Buch Byron Katies »The Work. Der einfache Weg zu einem befreiten Leben« einleuchtend dargestellt, gibt es nur drei Arten von Angelegenheiten im Universum: Ihre, des anderen und Gottes Angelegenheiten. (Statt Gott können Sie auch die »universelle Energie«, »die Urkraft«, »die göttliche Mutter«, »die Existenz« o. Ä. sagen.)

- Ihre Angelegenheit ist beispielsweise, was Sie essen, wie Sie leben, womit sie Ihr Geld verdienen, wie Sie Ihre Freizeit gestalten.
- Die Angelegenheit des anderen ist es, wie dieser lebt, was dieser bevorzugt, welche politische Partei er wählt, wie er sich ernährt, wie er die Freizeit gestaltet, wie er über dieses und jenes denkt.
- Gottes Angelegenheit ist es, wie das Wetter morgen sein wird, wer welches Schicksal bekommt usw.

Solange Sie denken, dass Sie wüssten, was für den anderen oder für Gott am besten wäre oder wie diese sich verhalten sollten, befinden Sie sich gedanklich in fremden Angelegenheiten. Dann sind Sie gedanklich beim anderen und haben sich selbst verlassen. Fragen Sie sich immer wieder: »In wessen Angelegenheiten befinde ich mich gerade?« Umgekehrt sollten Sie natürlich gegebenenfalls auch anderen klar und doch liebevoll mitteilen, dass Sie es nicht wünschen, wenn sie sich in Ihre Angelegenheiten einmischen. Dadurch sind Sie frei, Ihr eigenes Leben zu leben und dem anderen sein Leben zu lassen. Indem Sie sich darauf konzentrieren, im Alltag immer wieder zu prüfen, in wessen Angelegenheit Sie sich befinden, vermeiden Sie Einmischungen und können Ihren eigenen Weg souverän und frei gehen und sich auf Ihr eigenes mentales Training konzentrieren.

Neid, Vorstellungen und Erwartungen loslassen

Solange wir bewerten, können wir nicht wahrnehmen. Wenn Sie beispielsweise irgendjemanden oder etwas moralisch bewerten, sind Sie dadurch so sehr mit den Bewertungen beschäftigt, dass Sie blind sind für die Wunder, die in jedem Augenblick um Sie herum geschehen. Eine Sonderform des Bewertens ist der Neid. Man sagt nicht umsonst: »Neid muss man sich hart erarbeiten, Mitleid bekommt man geschenkt!« Viele Menschen sind deshalb nicht erfolgreich, weil sie Erfolgreiche beneiden und dadurch zuverlässig in sich das Programm »Ich habe nicht« installiert halten.

Eine nette Geschichte soll dies verdeutlichen: Ein Positivdenker und ein Negativdenker sehen einen Mann im Ferrari fahren. Der Positivdenker meint: »Den Ferrari werde ich eines Tages auch fahren!« Der Negativdenker denkt: »Dieser Mann geht eines Tages auch noch zu Fuß!« Was glauben Sie, welcher der beiden Menschen auf Erfolg programmiert ist?

Neben dem Neid müssen auch Vorstellungen losgelassen werden. Wie der Name bereits sagt, handelt es sich dabei um Dinge, die Sie »vor etwas stellen« – und zwar vor die Wirklichkeit. Sie behindern Ihre Sicht wie Scheuklappen und verschließen den Blick für all das Gute, was jenseits Ihrer Vorstellungen liegt.

Wenn Sie eine »Bestellung beim Universum*« abgeben, aber gleichzeitig dem Leben vorschreiben, *wie* es diese Bestellung erfüllen soll, dann behindern Sie damit sich selbst. Oft ist Ihr Wunsch widersprüchlich in sich, ohne dass Ihnen das bewusst ist.

Wenn Sie Ihr Bewusstsein darauf ausrichten, »den idealen Partner« zu bekommen, sich aber dabei vorstellen, dass dies eine Frau sein soll, die langbeinig, blauäugig und blond ist, dann kann es sein, dass Sie sich damit blockieren, weil die für Sie ideale Partnerin möglicherweise klein, dunkelhaarig und untersetzt ist.

Loszulassen sind auch Erwartungen. Diese führen zwangsläufig zu Enttäuschungen. Wenn Sie erwarten, das Leben oder der andere sollte sich so verhalten, dass es Ihnen angenehm ist, dann müssen Sie zwangsläufig »enttäuscht«, das heißt von dieser Täuschung befreit werden.

Machen Sie dem Leben keine Vorschriften, *wie* es Ihre Wün-

---

* Dieser Ausdruck stammt von Bärbel Mohr und ist der Titel eines ihrer Bücher.

sche erfüllen soll, sondern lassen Sie ihm den Raum, das zu bringen, was sich als »das Beste« entpuppen wird, ungeachtet all Ihrer Vorstellungen. Halten Sie es wie der Mann, der sagte: »Ich habe einen ganz einfachen Geschmack – ich will von allem einfach das Beste!« Zudem sollten Sie Ihre Aufmerksamkeit auf den jeweiligen Fokus gerichtet halten.

Mögliche Hindernisse

Notieren Sie die Antworten auf die folgenden Fragen und machen Sie sich dadurch mögliche Hindernisse für Ihr Mental-Training bewusst:

- Welche Erwartungen habe ich an meinen Partner, den Beruf, mein Wunschziel?
- Welche Vorstellungen habe ich bezüglich der Art, wie sie sich erfüllen sollen?
- Wem gegenüber bin ich neidisch und sollte diesen Neid durch Gunst ersetzen?

Im anderen das Stimmige ansprechen

Der Volksmund sagt: »Wie man in den Wald hineinruft, so schallt es heraus.« Sprechen Sie im anderen den Trottel an, wird der Trottel im anderen antworten. Sprechen Sie die Weisheit im anderen an, wird diese antworten. Sokrates war ein leuchtendes Beispiel für die Methode »das Stimmige ansprechen«: Er holte immer wieder sonntags einen beliebigen ungebildeten Sklaven vom Sklavenmarkt auf die Bühne und holte durch geschicktes Fragen die höchsten Weisheiten aus ihm heraus. Ebenso sind auch Sie in der Lage, aus dem anderen optimale Qualitäten herauszuholen, indem Sie diese immer wieder ansprechen. Man nennt diese Methode auch »das Befähigen«. Befähigen Sie Ihre Mitmenschen, großartig zu sein, zum Beispiel:

- ideale Liebhaber
- wundervolle Partner
- faire Verhandlungspartner
- gerecht
- objektiv
- Wie eine Göttin/ein Gott

Nicht immer scheint der andere sofort mitzuspielen, doch das macht nichts. Wann immer Sie im Kontakt mit einem anderen Menschen spüren, dass dieser verletzende oder negative Gedanken ausdrückt oder das Gespräch in eine ungute oder für Sie belastende Richtung läuft, haben Sie die Freiheit, den Fokus auf die Stimmigkeit zu richten. »Stimmigkeit« ist eine übergeordnete universelle Instanz, die sich jenseits Ihrer beider Egos befindet. Um das Stimmige im anderen anzusprechen, ist es erforderlich, dass Sie Ihr Bewusstsein selbst darauf ausrichten, das heißt das eigene wie das fremde Ego mit seinem Wunsch, recht haben zu wollen, hintanstellen und sich fragen: »Wie sollte es denn idealerweise sein?« Befähigen Sie den anderen zu dieser Stimmigkeit, die ja in der Tiefe sein natürlicher Zustand ist. Natürlich sollte diese Stimmigkeit auch Sie selbst einbeziehen. Trainieren Sie sich immer wieder darin, Ihre eigene Stimmigkeit höher einzustufen als Ihre Bequemlichkeit, Ihre Emotionen oder Ihre Lust, recht zu haben.

Nach ausgiebigen Liebesspielen wollen Sie sich auf die Seite drehen und schlafen. Ihr Partner mosert, dass er diesen Wechsel als zu abrupt empfindet und sich allein gelassen fühlt. Statt sich in Rechtfertigungen zu ergehen und darüber zu beklagen, dass Sie endlich schlafen wollen, suchen Sie die eigene Stimmigkeit. Wenn Sie Ihr Ego loslassen, erkennen Sie, dass Sie sich tatsächlich ein wenig abrupt zur Seite gedreht haben. Die Unhöflichkeit des Partners überhören Sie geflissentlich und Sie antworten: »Das war mir nicht bewusst. Entschuldige. Komm in meine Arme.« Und schon ist die friedvolle Nacht gerettet.

Bei einem gemeinsamen Abendessen mit Schweinshaxen werden Sie von Ihren Freunden dafür angegriffen, dass Sie sich nicht am Fleischessen beteiligen und nur die Beilagen zu sich nehmen, weil Sie Vegetarier sind. Statt sich zu rechtfertigen oder gar die anderen wegen ihres Fleischkonsums anzugreifen, antworten Sie: »Ich kann verstehen, dass euch das befremdet, doch es ist eben unterschiedlich, was jeder so mag.« Halten Sie im Bewusstsein den Fokus der beiderseitigen Toleranz und sprechen Sie in den anderen den Bereich an, der tolerant gegen Andersdenkende und Anderslebende ist. Sie werden dafür mehr Respekt ernten, als wenn Sie sich, um Unannehmlichkeiten aus dem Weg zu gehen, den Ernährungsgewohnheiten der anderen beugen und Ihnen hinterher schlecht ist. Gleiches gilt natürlich auch umgekehrt, wenn Sie Fleischesser sind und von Ihren Freunden dafür angegriffen werden, dass Sie Fleisch essen.

Das Stimmige im anderen anzusprechen sichert nicht nur dem anderen, sondern auch Ihnen Seelenfrieden – selbst wenn Sie dies nur gedanklich tun und der andere das gar nicht bemerkt. Auch hierfür wieder ein praktisches Beispiel:

Die Meditationsgruppe hat sich versammelt und will gemeinsam in die Stille gehen, da kommt ein erkältet aussehender, übelriechender Mann, drängt sich in die Gruppe hinein und setzt sich direkt neben Sie. Sie fühlen sich angewidert, zumal dieser Mann noch dauernd vor sich hin hustet und die Nase schnaubt. Sie spüren Ihre Feindseligkeit und Ihre Ablehnung, darüber hinaus haben Sie Angst, sich bei ihm anzustecken. Da Sie sich die ganze Woche auf den Meditationsabend gefreut haben, würden Sie den Mann vor Wut am liebsten verprügeln. Doch zugleich spüren Sie, dass diese feindseligen Gedanken Ihre Meditation noch mehr belasten. Sie halten inne und gehen in die Energie des Mitgefühls. In dieser Energie erkennen Sie: Auch dieser Mann hat Sehnsucht nach Frieden und Meditation, sonst wäre er ja gar nicht in die Gruppe gekommen. Statt sich auf die negativen Eigenschaften dieses Mannes zu konzentrieren, fokussieren Sie sich auf den Teil in ihm, der Frieden und Stille wünscht. Zugleich geben Sie sich selbst den Auslöser: »Jedes Geräusch dieses Mannes vertieft meine Konzentration.« Am Ende der Meditation haben Sie festgestellt, dass Ihre Meditation tiefer geworden ist denn je und Sie voller Freude sind, in sich einen Ort entdeckt zu haben, der »Essig in Wein« verwandeln kann.

Wann immer Sie bei einem anderen etwas stört, sollten Sie sich auf den Teil im anderen konzentrieren, der »stimmig« ist. Stets geht es darum, über das Ego hinauszugehen und zu prüfen, welche Gedanken und Handlungsweisen für das Ganze angemessen sind. Sie sollten Ihren eigenen Standpunkt auf Stimmigkeit überprüfen, insbesondere wenn er von außen zur Diskussion gestellt wird.

Oft halten sich Negativprojektionen, die zwei Menschen aufeinander haben, aneinander fest, einfach weil die Macht der Gewohnheit so stark ist.

In meine Praxis kam ein Schüler, der darunter litt, dass sein Lehrer in ihm den absoluten Versager sah. Tatsächlich war er früher faul und stets unvorbereitet gewesen. Mittlerweile aber gab er sein Bestes – doch sein Lehrer sah dies nicht. Er sprach immer wieder den »Deppen« in ihm an, und so musste dieser Schüler nicht nur gegen seine schlechten Noten und seine eigenen Schamgefühle ankämpfen, sondern auch noch gegen die Projektion des Lehrers. Ich riet ihm dazu, den Lehrer zu befähigen, ihn zu befähigen, das heißt es geistig für möglich zu halten, dass der Lehrer auf einmal den idealen Schüler in ihm sieht und anspricht. Einige Wochen später rief mich die Mutter des Schülers an und teilte mir mit, dass ihr Sohn das erste Mal seit Jahren wieder eine Eins mit nach Hause gebracht hat.

Auch für den Lehrer ist es letztendlich eine Freude zu sehen, wie aus einem scheinbar missratenen Schüler ein Primus wird, der vielleicht sogar über ihn hinauswächst. Dies aber ist natürlich nur möglich, wenn er dem Schüler geistig den Raum dafür gibt, statt ihn zu bekämpfen, wenn er also die Tür dafür öffnet, vielleicht sogar großartiger zu sein als er selbst – und um dies zu können, muss er ebenfalls sich selbst und den Schüler »befähigen«. Also: Sollte jemand in Ihnen permanent etwas Unstimmiges sehen oder ansprechen, befähigen Sie den anderen immer wieder geistig dazu, Sie zu befähigen. Öffnen Sie Ihren Geist dafür, dass der andere in Ihnen einen wunderbaren Menschen sieht.

Fein zu unterscheiden von »Stimmigkeit« ist übrigens »A...kriecherei«! Dort, wo Sie aus Angst vor Liebesverlust Ihren eigenen Standpunkt ungeprüft opfern, begehen Sie Selbstverrat. Selbstverrat aber ist eine Sünde, weil Sie sich dadurch von Ihrer Quelle trennen und sich zum Spielball von fremden Meinungen und Anschauungen machen.

Die Sucht nach Liebe, Anerkennung und Wertschätzung

Zur Sucht nach Liebe, Anerkennung und Wertschätzung gehören alle Verhaltensweisen, mit denen man Ablehnung, Geringschätzung, Liebesentzug etc. zu vermeiden sucht. Sie beinhaltet auch die Versuche, sich kleinzumachen, als Opfer darzustellen, zu heucheln. Im Grunde genommen ist die Sucht nach Anerkennung und Wertschätzung eine Lieblosigkeit gegenüber sich selbst. Man will die Energie von einem anderen bekommen, statt aus der eigenen Mitte heraus zu leben. Diese Sucht bringt einen immer weiter aus der Mitte, sie führt dazu, dass man sich nirgends zu Hause fühlt, und betrügt einen um die »wahre Liebe«, die jeden so nimmt, wie er ist.

Das Buhlen stoppen

Gegenüber welchem Menschen und in welchen Situationen buhlen Sie heute noch um Liebe, Anerkennung, Wertschätzung? Achten Sie in Zukunft gerade dort darauf, so authentisch und natürlich wie möglich zu sein und jede Form von Berechnung und Buhlerei zu unterlassen.

Beeindrucken

Stellen Sie sich Ihrem Partner gegenüber und versuchen Sie einander gleichzeitig zu beeindrucken. Sie können Worte, Gesten und Mimik nutzen. Erzählen Sie, was Sie alles haben und können, und übertreiben Sie dabei ruhig ein wenig. Nach einer Minute versuchen Sie einander weiterhin zu beeindrucken, lassen aber die Sprache weg – Laute und alle anderen Ausdrucksmittel sind gestattet. Nach wiederum einer Minute beschränken Sie sich auf Gestik und Mimik, Sie nutzen auch keine Laute mehr. Bei der nächsten Runde lassen Sie auch die Gesten wegfallen und beeindrucken einander nur durch Mimik, und bei der letzten Runde reduzieren Sie das »Beeindrucken« auf den Augenausdruck. Dann schließen Sie die Augen und spüren der Spannung nach, die Sie durch Ihre ganze Beeindruckerei erzeugt haben. Fallen Sie gedanklich in den weiten Raum Ihres Herzens und beobachten Sie Ihren Atem. Spüren Sie den Atem des anderen und dann, wann immer Sie

> bereit sind, öffnen Sie die Augen, schauen den anderen mit
> weichem und liebevollem Blick an und sagen ihm: »Ich liebe
> dich so, wie du bist.«

Liebe, Anerkennung und Wertschätzung finden Sie nicht im Außen, sondern nur im Inneren. Sie müssen letztendlich vor *sich selbst* bestehen. Wenn Sie vor sich selbst bestehen, dann sind Liebe, Anerkennung und Wertschätzung, die Sie von anderen erhalten, eine schöne Zugabe, aber Sie benötigen sie nicht. Wenn Sie aber vor sich selbst nicht bestehen, dann führen Liebe, Anerkennung und Wertschätzung von außen nur dazu, dass Sie »so tun als ob«, damit ja keiner merkt, wie sehr Sie mit sich selbst im Unreinen sind.

Deshalb sollten Sie jedes Lob und jede Kritik, die zu Ihnen finden, daraufhin prüfen, ob sie gerechtfertigt sind. Sie sollten ungerechtfertigtes Lob ebenso zurückweisen wie ungerechtfertigte Kritik. Das muss nicht laut geschehen, es genügt zu sagen, dass Sie die Sache anders sehen. Dort, wo Kritik gerechtfertigt ist, sollten Sie diese annehmen und prüfen, ob Sie diese Schwäche jetzt ausmerzen wollen oder nicht – natürlich liegt die Entscheidung darüber in Ihrer Hand. Und dort, wo ein Lob berechtigt ist, dürfen Sie sich darüber freuen – denn der andere hat Sie erkannt, Sie fühlen sich »gesehen«.

Nie aber sollten Lob und Kritik Sie von Ihrem inneren Weg abbringen, denn sonst werden Sie schnell zum Hampelmann. Authentisch zu leben bedeutet, die eigenen Schwächen zeigen und Kritik ertragen zu können, ohne sich deshalb verstecken zu wollen. Sie selbst sollten Ihr gütiger, aber unbestechlicher innerer Richter sein.

Der sinnlose Kampf um die Energie im Außen

Um das eigene Leben gestalten zu können, benötigen Sie Energie. Je niedriger das Energieniveau eines Menschen ist, umso empfänglicher ist er für negative Emotionen wie Wut, Angst, Schmerz und für negative Gedanken. Denn all diese Emotionen und Gedanken sind ja Ausdruck eines Missstandes, eines Mangels, eines »Ich habe nicht«. Wir erkennen dies sehr gut aus dem Wortzusammenhang von »Krieg« und »etwas kriegen müssen«.

Wer mental trainiert ist, verdrängt die Negativität nicht, wenn sie aufkommt, er tut nicht so, als sei alles bestens. Doch er agiert seinen Frust und seine negativen Gedanken auch nicht blind aus. Er übernimmt Verantwortung für sie und vollzieht eine »innere Bewegung«, die unbedingt zum Mental-Training dazugehört: Er sucht den Weg in die eigene Mitte. Die innere Mitte, die Zentriertheit des Menschen, ist sein »Leerlauf«, der ihm gestattet, auch angesichts negativer Emotionen, Gedanken und Muster bei sich selbst zu bleiben. In dem Augenblick, in dem Sie angesichts äußerer Belastungen oder negativer Gedanken und Gefühle in die innere Stille gehen, öffnet sich in Ihnen ein »innerer Raum«, in dem sich Ihre Schwierigkeiten neutralisieren.

Diesen inneren Raum betreten Sie übrigens ohnehin immer wieder, wenn auch unbewusst: Es ist der gleiche innere Raum, den Sie im Tiefschlaf erleben. Wenn Sie sich angewöhnen, in den inneren Raum zu gehen, wann immer Ihr Energieniveau niedrig wird, regenerieren Sie sich ähnlich wie im Tiefschlaf. Zusätzlich reinigt der bewusste Gang nach innen auch Ihr Bewusstseinsfeld von allen negativen Gedanken und Gefühlen, er wirkt wie ein Jungbrunnen. Je länger Sie in Ihrer inneren Mitte verweilen können, umso kraftvoller wird Ihre innere Stille werden und umso stärker werden Sie regenerieren.

Ein Zen-Kloster wurde von einem Erdbeben erschüttert. Aufgeregt rannten die Mönche ins Freie. Nur ihr Meister blieb unbeirrt in Meditation sitzen, wo die Mönche ihn auch nach dem Erdbeben wiederfanden. Befragt, warum er denn nicht gerannt sei, antwortete er: »Ich bin auch gerannt, aber nach innen!«

In den »Prophezeiungen von Celestine« von James Redfield wird davon ausgegangen, dass in Kürze ein gewaltiger Kampf um die Lebensenergie stattfinden wird, jeder wird versuchen, an die Energie des anderen heranzukommen. Dieser energetische Vampirismus geschieht bereits: Immer wieder wird versucht, Ihre Aufmerksamkeit abzulenken, denn Aufmerksamkeit ist Energie. Ob dies durch erotische Reize oder durch Drohungen geschieht, durch Dominanzverhalten am Arbeitsplatz (»Mobbing«) oder im Straßenverkehr, ob durch Wehklagen oder Klammern – überall geht es darum, an Ihre Energie zu kommen. Um in der eigenen Energie zu bleiben, ist es nötig, sich von niemandem Energie abziehen zu lassen, aber auch niemand anderem Energie zu rauben. Die Energie, die Sie geben, sollten Sie freiwillig aus Ihrer Mitte heraus geben, dann, wenn es für Sie stimmt. Denn nur, was Sie freiwillig geben, kann aus Ihrer Quelle frei fließen. Nur im freiwilligen Geben sorgen Sie dafür, dass Sie nicht »auf Batterie arbeiten«.
Damit Sie von Ihrem mentalen Training den optimalen Nut-

zen haben, werden wir nachfolgend die Basics dafür legen, die Ihnen helfen, zu sich selbst, in Ihre Mitte, in Ihre Energie zu finden.

Entspannung durch wertfreies Beobachten

Bevor Sie sich auf eine Reise begeben, müssen Sie wahrnehmen, wo Sie sich befinden. Bezüglich der psychischen Verfassung bedeutet dies, wertfrei wahrzunehmen, welche Gedanken, Gefühle und Handlungen durch Sie erlebt werden. Die Betonung liegt hier auf »wertfrei«, denn wenn Sie Ihre Gedanken, Gefühle und Handlungen bewerten, sich oder diese verurteilen, belasten Sie sich unbewusst. Die Kunst liegt darin, reiner Zeuge zu sein von dem, »was ist«. In vielen Fällen geben Sie schon allein dadurch »negativen« Energien und Belastungen die Chance, von selbst weiterzuziehen. Sie erleben sie dann wie Wolken, die am Himmel vorüberziehen, oder wie Züge, die am Bahnhof abfahren, in die Sie aber *nicht* eingestiegen sind. Indem Sie lernen, »reiner Zeuge« zu sein, werden Sie immer mehr frei von eigenen oder fremden Projektionen. Mental trainiert zu sein bedeutet also nicht nur, sich auf ein Ziel konzentrieren zu können, sondern auch, sich in der Kunst des »Nicht-Reagierens auf Ablenkungen« zu üben. Lernen Sie deshalb, reiner Beobachter von Gedanken, Worten, Taten, Regungen zu sein, unabhängig davon, woher sie kommen. Um dies zu üben, eignet sich insbesondere die Vipassana-Meditation. Das Wort »Vipassana« kommt aus dem Sanskrit und bedeutet »schauen, beobachten«. Diese Methode gilt als eine der ältesten Meditationstechniken Indiens, sie wurde dort bereits vor über 2500 Jahren als ein Heilmittel und als eine Kunst des Lebens gelehrt.

Die Technik: In der Vipassana-Meditation richten Sie Ihre Aufmerksamkeit auf etwas Neutrales, zum Beispiel Ihren Atem, und geben ihr so einen neutralen Brennpunkt, der vom »Lärm der Welt« unbelastet ist. Es geht bei der Vipassana-Meditation also nicht darum, die positiven Gedanken zu behalten und die negativen loszulassen. Sie lassen, während Sie beispielsweise Ihren Atem beobachten, *jeden* Gedanken vorüberziehen.

Regelmäßige Vipassana-Meditation bietet viele Vorteile:

- Sie lernen, eigene negative Gedanken bereits im Ansatz zu erkennen und nicht auf sie zu hereinzufallen, sondern in der wertfreien, distanzierten Wahrnehmung zu bleiben.
- Sie lernen, im Alltag *nicht* zu reagieren, wenn Ihnen jemand anderes einen negativen Gedanken anbietet, zum Beispiel wenn er »Sie Depp!« zu Ihnen sagt. Sie vergeuden keine Energien für Negativprojektionen, sondern beobachten einfach nur.
- Sie lernen, die Dinge frei von Vorstellungen so zu sehen, wie sie *wirklich* sind.
- Sie schulen Ihre Intuition, da es Ihnen immer mehr gelingt, Gedanken in ihrem Wahrheitsgehalt zu erfassen.

Wenn es Ihnen im Alltag gelingt, immer wieder in die reine Beobachtung zu gehen, werden zwanghafte Gedanken, Negativität und Projektionen immer mehr von Ihnen abfallen. Auf einmal ist da diese Lücke inmitten der Gedankenketten, in der Ihre reine Bewusstheit aufblitzt. Auf einmal ist da die Option, unabhängig von Emotionen, Mustern und Provokationen Ihre

Gedanken und Handlungen frei zu wählen, statt von blindwütigen oder angstvollen Reaktionen getrieben zu sein.

Natürlich müssen wir in dem Zusammenhang auch fein unterscheiden zwischen bewusst gewählter positiver Aggression im eigentlichen Wortsinne (lat. *agregere,* »anpacken«) und negativer Aggression, die sich gegen etwas oder jemanden richtet. Wütend zu sein gegenüber Schändung und Misshandlung ist völlig normal und auch gesund. Doch oftmals sind wir in der Wut blind und vergessen, wem unsere Wut eigentlich wirklich gilt. Und: Wer keine bewusste Wahl darüber trifft, ob er aggressiv werden möchte oder nicht, ist ein Sklave seiner Emotionen und sich keineswegs seiner selbst bewusst. Jegliche Form der Zwanghaftigkeit lässt sich durch reines Beobachten auflösen.

Aus der »Leere der Gedanken« zu handeln trägt in sich das Potenzial der Freiheit. Die Inder nennen diese Haltung »Muschin«, die Chinesen nennen sie »Wu-Wei«, was übersetzt so viel bedeutet wie »tun durch nicht tun«, »wollen, ohne zu wollen« oder auch »die absichtslose Absicht umsetzen«.

Beobachtung des Atems

Stellen Sie einen Minutenwecker auf die gewünschte Übungszeit, zum Beispiel 30 Minuten. Begeben Sie sich in eine geeignete Meditationshaltung. In dieser Zeit beobachten Sie Ihren Atem. Wann immer Gedanken kommen, wie zum Beispiel »Ich muss noch den Peter anrufen«, reagieren Sie nicht darauf, sondern sagen Sie sich: »Jetzt nicht, jetzt beobachte ich meinen Atem« und bleiben Sie bei der Atembeobachtung, bis der Wecker läutet.

Variante: Beobachten Sie Ihren Atem und achten Sie dabei zugleich darauf, dass Sie ihn weder vorantreiben noch unterdrücken. Konzentrieren Sie die Atembeobachtung dabei am besten auf einen Punkt, zum Beispiel an der Nasenwurzel. Diese Übung ist insbesondere hilfreich, wenn Sie sich gestresst fühlen. Diese Meditation ist eine gute Ergänzung zum Mental-Training.

Atem-Meditation zur Entspannung

Bei starker Stressbelastung kann die Atemverlangsamung helfen, wieder in die Position der wertfreien Wahrnehmung zu kommen: Atmen Sie durch den Mund aus, so langsam und so lange es geht. Dann atmen Sie durch die Nase ein, ebenfalls so langsam und so lange wie möglich. Bleiben Sie dabei in der Position des Beobachters und erleben Sie, wie Sie durch diese Übung zu sich selbst kommen. Die Atemverlangsamung ist gerade bei starkem Stress eine gute Hilfe, um wieder bei sich selbst anzukommen. Bekanntlich atmet ein gestresster Organismus hektisch, während ein entspannter Mensch ruhig atmet.

Muster und Gewohnheiten
der universellen Kraft übergeben

Es gibt eine Kraft, die dieses Universum zusammenhält, und Sie können lernen, mit dieser zu kooperieren. Sie sind von dieser Kraft nicht getrennt. Sie sind ein Bestandteil dieser Kraft. Zugleich ist es eine unpersönliche und überpersönliche Kraft. Es obliegt Ihnen, wie Sie sie benennen: Gott, Göttin, universelle Kraft, Heiliger Geist, Mutter Maria, das Universum, die Existenz, das höchste Selbst, das Tao, Buddha des Mitgefühls, spiritueller Meister – wie auch immer.

Wann immer Sie im Alltag in Schwierigkeiten kommen, bitten Sie diese universelle Kraft um Hilfe, damit die Sache in Ordnung kommt. Übergeben Sie insbesondere auch belastende Gedanken, Gefühle, Empfindungen, Ängste, Sorgen, Bewertungen usw. dieser Kraft. Bitten Sie die universelle Kraft, sich der Belastungen anzunehmen, die Sie drücken. Bitten Sie um die Kraft, sich von »negativen« Gedanken und Einstellungen befreien zu können. Jedes Mal, wenn Sie sich dabei ertappen, belastenden Gedanken nachzuhängen wie beispielsweise: »Es hat ja doch alles keinen Sinn!«, stoppen Sie diese Gedankenketten und übergeben sie der universellen Energie. Sagen Sie einfach: »Ich übergebe diese Sache der universellen Energie« (oder wie immer Sie diese Kraft nennen).

Ernest Holmes nennt in seiner »Vollkommenheitslehre« diese Methode »den goldenen Schlüssel«. Er empfiehlt Folgendes: Wenn Sie erleben, dass ein negativer Gedanke Ihnen anhaftet oder Sie über ein Problem in endlosen Gedankenschleifen nachsinnen, sollten Sie mit diesem Kreiseldenken aufhören und anfangen, die universelle Kraft zu denken. Das kann auch heißen, an eine universelle Tugend wie Unschuld, Frieden, Harmonie oder Liebe zu denken. Da die Energie der Aufmerksamkeit folgt, werden Sie erleben, wie sich mit der Konzentration auf die universelle Energie oder Tugend der Druck des Problems löst.

Indem Sie Ihr Bewusstsein mental immer wieder mit Ihrer Quelle, Ihrer Mitte und innersten Kraft verbinden – und dafür notfalls alles andere fallenlassen –, sorgen Sie dafür, dass Ihr Energieniveau hoch bleibt – zum Segen von sich selbst und allen Menschen, die mit Ihnen zu tun haben.

Annehmen, was ist

Widerstand als Schutz
vor dem Ungewissen

Es gibt keine Veränderung ohne Widerstand. Das war bereits ganz am Anfang unseres Lebens so, denn als wir geboren wurden, mussten wir uns erst einmal durch den dunklen und engen Geburtskanal zwängen. Es ist eine Illusion zu glauben, wir könnten uns grundlegend wandeln, ohne dabei durch einen Widerstand hindurchzumüssen.

Wenn wir uns aufmachen, unser Leben selbst zu gestalten, kann es sein, dass sich bald ein Widerstand meldet. Wir glauben dann zurückgefallen zu sein, nichts geht mehr. Doch in Wahrheit sind wir nur an einen Widerstand gestoßen, der schon immer da war, den wir allerdings nie bemerkt haben, weil wir uns noch nie so weit in Richtung auf unser Ziel vorgewagt hatten.

Es genügt natürlich nicht zu wissen, *dass* Widerstand auftritt. Um erfolgreich zu sein, müssen wir auch lernen, wie wir am besten mit Widerständen umgehen. Widerstände können beispielsweise auftreten als

- Ablehnung von dem Menschen oder Umstand, der unangenehme Gefühle in uns auslöst

- Weigerung, Altes in Frage zu stellen und Neues zu lernen
- Handlungsunfähigkeit, weil wir uns Dinge nicht zutrauen
- Depressionen
- Verzweiflung
- Zweifel am Sinn des Ziels
- Scheinbare Rückschläge und Misserfolge
- Negative Glaubenssätze

Wir glauben vielleicht, dass der Erfolgreiche weniger Misserfolge und Schwierigkeiten hat als der Erfolglose. Doch das ist ein Irrtum. Der Erfolgreiche hat meist sogar wesentlich mehr Misserfolge und Schwierigkeiten erlebt als der Erfolglose. Doch er hat sich davon nicht beirren lassen, er ist durch die Dinge hindurchgegangen, hat sich den Herausforderungen und Schwierigkeiten gestellt, während der Erfolglose beim ersten Problem gesagt hat: »Man sieht ja, dass es nicht geht.« Nach einem Misserfolg gab er schon auf.

Ein Vorbild könnte uns hier Alva Edison sein. Nachdem er mehrere hundert vergebliche Versuche unternommen hatte, ein durch Elektrizität von innen leuchtendes Glas zu erfinden, wollten sogar seine engsten Getreuen aufgeben. Sie sagten zu ihm: »Du siehst doch, dass deine Theorie nicht funktioniert!« Edison entgegnete ihnen: »Wir haben einige hundert Versuche unternommen, in denen wir erfolgreich herausgefunden haben, wie es nicht geht. Jetzt bleiben nur noch ganz wenige Möglichkeiten übrig, und eine davon wird funktionieren. Deshalb forsche ich weiter!« Und tatsächlich gelang Edison mit nur wenigen weiteren Versuchen die Erfindung der Glühbirne.

Widerstand ist ein wichtiges Schlüsselthema, wenn es darum geht, neue Erfahrungen zu machen. Es ist für uns viel bequemer, die alten Erfahrungen zu wiederholen, selbst wenn sie negativ sind. Wir sind mit den Schmerzen und Misserfolgen vertraut und haben begonnen, uns mit ihnen zu arrangieren. Wenn wir uns aber aufmachen, Neuland zu erobern, kommen wir an neue Erfahrungen, die bisher in unserem Glaubenssystem keinen Platz hatten. Neue Erfahrungen in der Tiefe unseres Seins führen aber unweigerlich in die Krise, weil wir zunächst nicht gewohnt sind, mit ihnen umzugehen. Sogar ein Lottogewinn kann eine schwere Sinnkrise auslösen – weil wir nicht gelernt haben, mit so viel Geld umzugehen.

Wenn Sie also unbewusst Widerstand gegen Ihren Erfolg erzeugen, dann ist dies erst einmal verständlich. Denn hinter dem Widerstand wartet das Unerfahrene und damit eine Angst.

Im Chinesischen finden wir für Krise und Fortschritt dasselbe Wort. Ohne Krise gibt es auch keinen Fortschritt. Fortschritt und Krise bedingen einander. Wenn Sie sich aufmachen, Neuland zu erobern, müssen Sie bereit sein, den alten Ort, das heißt starre, festgefahrene Bahnen, zu verlassen und neue Wege zu gehen, auf denen Sie sich erst einmal unsicher fühlen.

Widerstand wertfrei wahrnehmen

Der wichtigste Schlüssel für den Umgang mit Widerstand liegt darin, überhaupt erst einmal zu erkennen, dass und wann Sie im Widerstand sind. Oftmals, wenn sich bei Ihnen Zorn, Trotz, Protest, Aggression, Blockiertsein oder Ähnliches äußert, sind Sie – ohne es zu merken – im Widerstand. In vielen Fällen ist es hilfreich, sich selbst erst einmal einzugestehen: »Aha, ich bin offenbar *gegen* etwas, ich bin im Widerstand!« Wann immer Sie Arbeitsunlust und Frust überkommt, wann immer Sie genervt sind, prüfen Sie, ob Sie sich gerade gegen etwas wehren, was nun einmal auf Ihrem Weg liegt. Sobald Sie sich dies eingestehen, können Sie von der Krise in den Fortschritt gelangen.

Widerstand als Botschafter nutzen

Wenn wir realisieren, dass hinter jedem Widerstand eine wichtige Botschaft verborgen ist, können wir ihn als Verbündeten nutzen, um uns im positiven Sinne zu verändern. Dies bedeutet mit und nicht gegen den Widerstand zu gehen.

Nehmen wir einmal an, Sie nehmen sich vor, am nächsten Marathon Ihrer Stadt teilzunehmen. Immer wieder mal werden Sie erleben, dass Sie morgens zu verschlafen sind, um für den Langstreckenlauf zu trainieren. Sie spüren, wie ungesund Ihre Ernährungsgewohnheiten sind und wie schwer und belastet sich Ihr Körper anfühlt. Sie bekommen beim Laufen möglicherweise Seitenstechen, nach einigen Tagen Kopfschmerzen und Sie fragen sich, ob Sie Ihr Vorhaben aufgeben sollten. Wenn Sie diesen Widerstand gegen Ihr Ziel jedoch fragen, welche Botschaften er hat, stellen Sie womöglich kurz darauf Ihre Ernährung um und gehen früher ins Bett. Bekommen Sie während des Laufens Seitenstechen, atmen Sie in Zukunft tiefer durch und laufen dadurch entspannter. Von Tag zu Tag steigert sich Ihre Kondition. Nachdem Sie durch eine Reihe von Widerständen hindurchgegangen sind, erleben Sie eines Tages, dass Sie den Marathon bestehen, vielleicht kommen Sie sogar auf einen guten Platz.

Sie setzen sich das Ziel, am Ende des Monats der beste Verkäufer Ihrer Firma zu sein. Bisher waren Sie jedoch eher im letzten Drittel zu finden. Jeden Morgen stellen Sie sich vor, wie es wäre, am Ziel zu sein. Bald jedoch sind Sie entmutigt, weil Sie erleben müssen, dass Ihre Kollegen viel erfolgreicher verkaufen als Sie. In dem Fall könnte der Widerstand darauf hinweisen, dass Sie sich ein zu hohes Ziel gesetzt haben, eines, an das Sie gar nicht glauben können. Hier wäre es sinnvoller, das Ziel erst einmal in ein glaubwürdiges Teilziel zu verwandeln, zum Beispiel den eigenen Umsatz des Vormonats zu überholen. Aus einem realistischen Ziel können Sie letztendlich die Ermunterung für höhere Ziele gewinnen.

Für den richtigen Umgang mit eigenen Widerständen gibt es sechs wichtige Grundregeln:

1. Erkennen, wenn Sie im Widerstand sind. Dies bedeutet u.a. auch, den Widerstand nicht persönlich zu nehmen. Oft ist der Problemlöser selbst das Problem. Wenn Sie an einem Widerstand festhängen, fordert Sie das auf, sich erst einmal distanziert von sich selbst zu betrachten. Nur so können Sie den Widerstand erkennen und lockern. Machen Sie aus dem Widerstand kein *persönliches* Thema.
2. Den Widerstand gegen den Widerstand aufgeben: Verdrängung von Widerstand führt zu massiven Rückschlägen: Es ist so, als würden Sie vorwärtslaufen und ein Gummi-

band am Fuß zieht Sie immer wieder zurück. Bevor Sie den nächsten Schritt tun, müssen Sie sich mit dem Widerstand auseinandersetzen, und zwar konstruktiv. Um Irritationen zu vermeiden, sollten Sie sich im wertfreien Beobachten üben. Erlauben Sie dem Widerstand, sich auszudehnen, ohne dass Sie ein Drama daraus machen. Widerstand gehört zum Wachstumsprozess dazu und ist nicht schlimm. Vermeiden Sie deshalb negative Selbstbewertungen. Nehmen Sie den Druck aus dem Widerstand heraus. Gehen Sie liebevoll mit sich selbst um. Sagen Sie sich: »Das ist nur ein Widerstand!«

3. Herausfinden, worin eigentlich der Widerstand liegt und wie er sich zeigt. Treten Sie erst einmal einen Schritt zurück. Atmen Sie tief durch. Geben Sie dem Widerstand Raum, sich auszudrücken. Fragen Sie sich ganz sachlich: »Was ist los?« Notieren Sie das Gefühl, den Gedanken, der Sie bewegt. Hierbei ist es wichtig, sich auf das Wesentliche zu konzentrieren, also wirklich auf den Punkt zu kommen, auf die Essenz des Widerstandes. Dies ist besser, als ganze Romane zu notieren.

4. Erkennen, vor welcher Krise Sie der Widerstand bewahren will: Dies bedeutet, sich zu den eigenen Unsicherheiten zu bekennen, die unter der harten Schale des Widerstands liegen. Diese sind wie fließendes Wasser unter einer Schicht von Eis. Im Fließen, in der Unsicherheit finden Sie oft die vitale Spur, die Sie suchen. Sie brauchen an dieser Stelle noch keine Antwort auf Ihre Unsicherheiten zu haben. Doch mit den eigenen Unsicherheiten spazieren zu gehen und sich ihrer bewusst zu sein ist oft wertvoller, als sie zu verdrängen und ein scheinbar sicheres, aber rigides Leben zu führen. Um zu erkennen, vor welcher Krise Sie der Widerstand bewahren will, ist es hilfreich, sich vor-

zustellen, wie Sie selbst (oder auch ein anderer) leben und erleben würden, wenn der Widerstand gar nicht da wäre. Indem Sie sich auf Ihre Unsicherheiten einlassen, wird Ihr Leben farbiger. Sie verlieren das Schwarzweißdenken und lernen im Lebensfluss zu schwimmen, statt sich an den Ufern festzuklammern.

5. Radar ausfahren: Die Botschaft, die im Widerstand verborgen liegt, erkennen. Jeder Widerstand enthält eine verschlüsselte Information. Er zeigt an, wo die Energie nicht frei fließen kann. Er ist Ausdruck eines Engpasses, der nach Erweiterung strebt. Widerstand zeigt also ganz klar an, wo etwas zu tun ist. Insofern ist der Widerstand eine Chance zum persönlichen Wachstum. Setzen Sie sich konstruktiv mit ihm auseinander. Fragen Sie ihn, welche Botschaft er für Sie hat. Lauschen Sie seiner Sprache.

6. Mit dem Widerstand gehen und ihn als Verbündeten nutzen. Widerstand wird nur dann zum Hindernis, wenn Sie aus einer negativ verzerrten Wahrnehmung gegen ihn vorgehen wollen.

Die konkrete Anwendung des Sechs-Punkte-Programms: Der Vertriebschef einer Firma verlangte von seinen Verkäufern eine Umsatzsteigerung von zehn Prozent. Daraufhin regte sich großer Widerstand gegen das neue Ziel. Viele Mitarbeiter waren demotiviert, weil sie das neue Ziel für unerreichbar hielten. Nach anfänglichen Schwierigkeiten fand der Chef folgende Lösung: Indem er sich nicht angegriffen fühlte, sondern die Sorgen und Demotivation seiner Mitarbeiter ernst nahm, sorgte er dafür, dass er nicht selbst zum Problem für seine Mitarbeiter wurde (1). Er lud seine Verkäufer abends zum Italiener ein, um die Sache in gemütlicher Runde zu besprechen. Dadurch entspannte sich die Stimmung (2). Im Gespräch fand der Vertriebschef ganz gezielt heraus, warum die Mitarbeiter glaubten, das neue Ziel nicht erreichen zu können, und was sie benötigten, damit sie besser motiviert sind. Der eine oder andere hatte private Sorgen, die ihn hemmten, andere Mitarbeiter benötigten eine bessere Präsentationsmappe (3–5). Indem der Vertriebschef wie ein »Unternehmensarzt« liebevoll und doch zielorientiert mit dem Widerstand umging, wies der Widerstand selbst ihm den Weg zu einer schlankeren Unternehmensführung, einem besseren Vertriebssystem und einer Reihe von Innovationen, die es ohne den Widerstand nicht gegeben hätte (6).

Was tun, wenn andere im Widerstand gegen Sie sind?

Widerstand begegnet uns nicht nur bei uns selbst, sondern auch bei anderen Menschen. Die oben angeführten sechs Schritte zum Umgang mit Widerstand gelten in dem Fall im übertragenen Sinne. Wenn Sie sich aufmachen, neue Erfolgswege zu beschreiten, kann es sein, dass Ihr Lebenspartner oder Ihre Kollegen nicht mitmachen. Dies zeigt sich beispielsweise darin, dass Ihre Theorien, Geisteshaltungen und Ihr neuer Lebensstil angegriffen werden.

Sie waren bisher sehr nachlässig und wollen nun mehr auf Ihre Gesundheit achten. Sie beginnen damit, morgens zu joggen, frisches Obst einzukaufen, zu meditieren. Ihr Partner boykottiert Ihre Bestrebungen und beschimpft Sie, dass Sie nicht mehr mit ihm faulenzen, sich von Chips ernähren und vor der Glotze sitzen. Indem Sie erkennen, dass das Gemecker nicht Sie persönlich betrifft, sondern ein Widerstand Ihres Partner gegen alles Gesunde ist, können Sie einen Lebensstil finden, in dem jeder seinen Neigungen nachgehen kann.

Sie wünschen sich eine erfülltere Sexualität und bieten Ihrem Partner an, mit Ihnen gemeinsam zu einem Tantra-Kurs zu gehen. Statt einzustimmen, verweigert Ihnen der Partner jedoch ab sofort jegliche Sexualität und zieht um ins Gästebett. Indem Sie erkennen, dass der Liebesverweigerung möglicherweise Unsicherheiten zugrunde liegen, finden Sie einen Zugang zu Ihrem Partner, der ihm zeigt, dass Sie ihn lieben, unabhängig davon, wie geschickt oder ungeschickt er sich im Bett verhält.

In den Beispielen wurde deutlich, dass es wichtig ist zu erkennen, dass *der andere* im Widerstand ist. Indem Sie den anderen nicht dafür verurteilen, dass er Widerstände hat, sondern erkennen, welche Krise er dadurch unbewusst vermeiden will, gelingt es Ihnen, liebevoll mit ihm umzugehen. Die sechs Regeln für den Umgang mit Widerstand lauten übertragen auf die Widerstände anderer:

1. Erkennen, dass der andere im Widerstand ist, ohne dies persönlich zu nehmen.

2. Den Widerstand ernst nehmen und erlauben.
3. Herausfinden, worin beim anderen der eigentliche Widerstand liegt.
4. Erkennen, vor welcher Krise der Widerstand den anderen
   (oder auch Sie selbst) bewahren will.
5. Die Botschaft, die im Widerstand für beide verborgen liegt,
   erkennen.
6. Mit dem Widerstand des anderen gehen, nicht gegen ihn,
   der Widerstand weist den Weg.

Bezogen auf das Mental-Training ist es von entscheidender
Bedeutung, den Umgang mit Widerständen zu lernen, da
Mental-Training sonst viele Spannungen in Ihnen erzeugen
könnte. Arbeiten Sie mit dem Sechs-Punkte-Programm!
Oftmals wissen wir gar nicht, welche Wunder hinter der Tür
des Widerstandes verborgen sind – bis wir diese Tür mit Hilfe
des Sechs-Punkte-Programms öffnen. Im Umgang mit Widerstand müssen auch Zweifel, Negativität und Ablehnungen
Raum bekommen – nicht um dort stehenzubleiben, sondern
um die innere Transparenz zu wahren, damit wir nicht blind
vor Zielfixiertheit dichtmachen. Wir müssen uns eingestehen,
wo wir Schwierigkeiten haben, enttäuscht oder frustriert sind
– damit wir von der Krise in den Fortschritt gelangen und
letztendlich an unsere »innere Wahrheit«. Bügeln Sie auch
unangenehme Empfindungen nicht einfach nieder, sondern
fragen Sie sich, was sie Ihnen signalisieren möchten. *Das,
was ist, das ist.* Seien Sie ehrlich im Umgang mit sich selbst
und anderen. Im Laufe der Zeit gelingt es Ihnen dann immer
besser, souverän mit inneren oder äußeren Widerständen umzugehen. Um Widerstand zu erkennen, hilft immer wieder die
wertfreie Selbstbeobachtung, wie wir sie beispielsweise in der
Meditation bereits gelernt haben.

Die Tagtrance beenden

Vielleicht kennen Sie das: Sie stehen vor einer schwierigen oder unangenehmen Aufgabe und plötzlich spüren Sie eine tiefe Ohnmacht. Ein Nebel schiebt sich zwischen Sie und die Außenwelt. Dieser Nebel zeigt Ihnen oftmals, dass Sie gerade dabei sind, einen Widerstand loszulassen. Zugleich ist er aber auch ein Zeichen der Herausforderung, denn er weist in vielen Fällen auf etwas Verdrängtes hin. Der Nebel ist eine unfreiwillige »Dissoziation«, eine Trennung, die das Unterbewusstsein automatisch vornimmt, um Sie vor unangenehmen Gefühlen, Erinnerungen und Erfahrungen zu bewahren. In vielen Fällen liegt hinter dem Nebel ein Schatz, wie der Goldtopf am Ende des Regenbogens. Doch wie im Märchen Schätze oftmals von Drachen bewacht werden, so liegt zwischen dem Nebel und dem Schatz oft etwas, das wir nicht anschauen wollen. So wie der Widerstand uns vor der Unsicherheit schützen wollte, so ist es die Aufgabe des Nebels, uns vor Bedrohlichem, scheinbar Negativem zu schützen, bis wir den Mut und die Fertigkeiten haben, damit umzugehen.

Nicht immer wird so ein Nebel wahrgenommen. Viele Menschen sind über große Strecken des Tages geistesabwesend und wie in einem Nebel – ohne dies zu bemerken. Der geniale Psychologe Stephen Wolinsky dokumentiert in seinem Werk »Die alltägliche Trance«, dass wir Menschen meist wie hypnotisiert durch den Tag gehen und nur wenig im Hier und Jetzt leben. In ihren leichteren Ausprägungen befällt uns eine Streittrance, und wir streiten, eine Liebestrance, und wir schwören ewige Treue, eine Hündchentrance, und wir reden in Babysprache auf ein Tier ein. Ein extremer Fall eines Menschen in Trance ist der Alkoholiker, ebenso aber der Workaholic.

Wann immer ein Nebel sich vor Ihr Bewusstsein schiebt, sollten Sie tief atmen und genau hinschauen. In fast allen Fällen ist hinter dem Nebel eine unliebsame Emotion verborgen, die Sie nicht wahrhaben und deshalb verdrängen wollen. Aber genau die Bewusstmachung dieser Emotion kann in Ihnen die Ressourcen freilegen, die hinter dem Trance-Phänomen verborgen sind.

Entnebeln

Für das Entnebeln benötigen Sie idealerweise einen anderen Menschen. Wann immer sich ein Nebel zwischen Sie und Ihre Wahrnehmung schiebt, halten Sie Blickkontakt zum anderen. Atmen Sie weiter und fragen Sie sich dabei:

- Welche Emotion will ich nicht fühlen?
- Was verdränge ich mit Hilfe des Nebels?
- Welches Bild will ich nicht sehen?
- Welchen Schritt will ich nicht wahrhaben?
- Welche Identität ist hinter dem Nebel verborgen?
- Wie verändert sich die Selbstwahrnehmung, wenn ich durch den Nebel atme?
- Gegen welche Erkenntnis/Erfahrung wehre ich mich?

Erlauben Sie, dass verborgene Emotionen, Erkenntnisse, Bilder, Erinnerungen in Ihnen hochsteigen und sich in voller Wucht entfalten, ohne dass Sie diesen Prozess vorantreiben oder unterdrücken. Lassen Sie sie »auskochen«. Bleiben Sie dabei so bewusst wie möglich. Bleiben Sie so lange in Kontakt mit Ihrem Atem, bis der ganze Nebel verschwunden ist.

Wenn Sie möchten, können Sie dabei dem Teil, der hinter dem Nebel verborgen ist, einen Extranamen geben und ihn gedanklich als eine eigenständige Person behandeln, mit der Sie dann sprechen.

Entnebeln durch das Punktsehen

Wenn Sie gerade allein sind, wenn Sie diesen Nebel fühlen, können Sie, statt einem Partner in die Augen zu schauen, sich auch auf einen Punkt, ein Mandala oder ein Bild konzentrieren und wahrnehmen, was sich dazwischenschiebt.

Ein negatives Selbstbild ablösen

»Liebe deinen Nächsten wie dich selbst«, sagte Jesus und rief damit auch zur Selbstliebe auf. Viele Menschen allerdings hassen sich selbst. Kein Wunder, dass sie sich dadurch das Leben zur Hölle machen. Was aber ist eine Antwort auf den Selbsthass? Nun, zuerst einmal muss die Adresse für eventuellen Selbsthass erkannt werden. Was wird an sich selbst abgelehnt? Das Aussehen, der Charakter, die aufbrausende Art, das Betrügen, das Suchtverhalten, die Armut, die Rigidität oder die Einsamkeit?

Indem man den Adressaten für den Selbsthass erkennt, dämmert auf einmal die Erkenntnis auf, dass man ja gar nicht *sich* ablehnt, sondern die Konditionierung oder Eigenschaft, die sich durch einen ausdrückt. Wenn die Heilige Schrift an anderer Stelle dazu auffordert, die Sünde zu hassen, aber nicht den Sünder, trifft sie hiermit ebenfalls diese wertvolle Unterscheidung. Damit ist der Weg geöffnet, der gehassten Eigenschaft/Konditionierung zu Leibe zu rücken und gleichzeitig sich selbst zu lieben, ja sogar aus der Selbstliebe heraus gegen das Gehasste vorzugehen. Dies nicht, indem man Ungutes »wegschneidet« oder »verdrängt«. Statt Verdrängung ist Umwandlung angesagt und diese beginnt, wie nicht oft genug betont werden kann, damit, das anzunehmen, was nun einmal da ist.

Letztendlich gibt es nichts, wofür Sie sich hassen müssen, aber vieles, was Sie umwandeln können. Es gibt viele Möglichkeiten der Umwandlung, die alle auf dem gleichen Prinzip beruhen.

Selbsthass umwandeln

Diese Technik, aufbauend auf dem Prinzip des Entnebelns, sollten Sie anwenden, sobald Sie ein Gefühl von Selbsthass überfällt:

1. Bewusst machen: Spüren Sie die Gefühle der Ablehnung. Suchen Sie nach dem, was dahinter liegt – mit einem offenen Herzen, vielleicht so wie eine liebende Mutter auf die Suche nach ihrem Kind geht, das sich versteckt hält, weil es sich schämt, etwas »angestellt« zu haben.
2. Anerkennen, was ist: »Umarmen« Sie das Gefundene in

Gedanken. Anerkennen Sie das Ungeliebte dafür, dass es da ist.

3. Entnebeln: Stellen Sie sich das Ungeliebte als einen dunklen Nebel vor, den Sie ausatmen.

4. Wenn während des Atmens Gefühle auftauchen, die Sie nicht mögen, lassen Sie sich dadurch nicht irritieren. Weichen Sie davor nicht zurück, sondern dehnen Sie diese aus, übertreiben Sie sie, während Sie sich gleichzeitig dessen bewusst sind, dass Sie nicht diese Gefühle sind.

5. Imaginieren Sie, dass sich das Ungeliebte durch Ihr Entnebeln lichtet und dahinter eine Botschaft, ein Geheimnis freigibt, das für Sie wertvoll ist. Erkennen Sie das »wahre Bedürfnis«, das dem Ungeliebten zugrunde liegt, und ehren Sie es. Machen Sie das, was sich neu gezeigt hat, zu Ihrem Verbündeten, der Sie immer daran erinnert, sich selbst zu lieben.

Wir erkennen, dass alles sogenannte Böse in Wahrheit nichts anderes ist als nicht geehrtes Gutes, dass alles, was wir an uns selbst hassen, nichts anderes als der Hinweis ist auf eine Maske, die nicht zu uns gehört. Der erste Schritt, um ein negatives Selbstbild oder Selbsthass abzulösen, liegt also darin zu erkennen, dass die Negativität nicht *Sie* betrifft, sondern nur eine Verkleidung von Ihnen. In Wahrheit sind Sie Liebe, Liebe zu sich selbst und Liebe zum Leben – alles andere gehört nicht zu Ihnen.

Die Aufmerksamkeit steuern

Die Dinge sind nicht so (starr), wie sie scheinen

Wir leben in einer Welt voller Gegebenheiten. Doch auch wenn die Dinge »vorgegeben« sind, heißt dies nicht, dass sie so bleiben müssen. Die Umstände, die wir vorfinden, sind lediglich die Dinge, die so sind, weil sie so geschaffen wurden. Doch eigentlich ist alles, was wir sehen, eine große Illusion. So weist uns mittlerweile auch die Quantenphysik nach, dass 99,9 Prozent von dem, was wir wahrnehmen, nichts anderes als Leere sind, der Rest ist informierter Raum. Aus der Quantenphysik wissen wir auch, dass der Beobachter die Beobachtung mitgestaltet, ja dass das Beobachtete sich in seinem Verhalten nach dem Beobachter richtet. Dass dies bei kleinen Kindern der Fall ist, können wir uns leicht vorstellen: Wenn sie sich beobachtet fühlen, gehen sie nicht an die verbotenen Süßigkeiten, machen brav ihre Schularbeiten usw. Und so manche »großen Kinder« tun auch heute noch so, als würde ihre Mutter sie beobachten, auch wenn sie selbst bereits kurz vor dem Rentenalter stehen – psychologisch nennt man dies »Konditionierung«. Wer darin steckenbleibt, wird nicht erwachsen, sondern nur alt. Die Psychologie nennt diese zensierenden Stimmen der Eltern oder Lehrer, Politiker oder Partner »Praecox«, und fast jeder Mensch läuft mit so einem

Praecox herum. Eine Sache, die Mental-Training vermag, ist, Sie von Ihrem Praecox zu befreien, so dass Sie beginnen können, ein selbstbestimmtes Leben zu leben und die Wunder der Wirklichkeit zu entdecken: »Endlich bin ich ich!«

Der Beobachter bestimmt die Beobachtung – und dies lässt Sie die berechtigte Hoffnung schöpfen, dass Sie Einfluss auf die Wirklichkeit haben durch die Art und Weise, wie Sie diese betrachten. Es ist also ganz entscheidend, mit welchen Augen Sie Ihre Mitmenschen, Partner, Kinder, Freunde, aber auch Ihre eigenen Lebensumstände und Visionen betrachten. Je nachdem, wie Sie die Dinge sehen, erleben Sie diese als Herausforderung oder als große Belastung, als bedrohlich oder als chancenreich. Jeder erschafft seine Wirklichkeit selbst, auch Sie!

Die meisten Menschen sind so sehr von ihrer Art, die Dinge zu sehen, gefangen, dass sie sich gar keine Veränderung vorstellen können. Sie laufen wie hypnotisiert durch den Tag. Obwohl die Wunder des Lebens direkt neben ihnen stehen, sehen sie sie nicht, weil sie viel zu sehr in den Schlaufen der Vergangenheit festhängen. Mental-Training hilft, das Bewusstsein auf die Chancen und Möglichkeiten auszurichten, die das Leben stets aufs Neue offenbart. Wie mit dem Zoom einer Digitalkamera können Sie die Chancen oder die Schwierigkeiten in Ihrem Leben scharf stellen. Ob Sie beispielsweise mit dem besten aller möglichen Partner verheiratet sind oder voll danebengegriffen haben, hängt möglicherweise vielleicht nicht so sehr daran, wie Ihr Partner ist, sondern daran, wie Sie ihn sehen. Lächeln Sie Ihren Partner freundlich an und behandeln Sie ihn wie den begehrtesten Menschen der Welt, er wird anders darauf antworten, als wenn Sie ihn anschauen, als sei das Zusammenleben mit ihm ein schwerer Schicksalsschlag. Und so wie mit Ihrem Partner ist es auch mit der Welt.

Die Aufmerksamkeit fokussieren

Wir wissen, dass die Energie der Aufmerksamkeit folgt. Wohin Sie Ihr Bewusstsein lenken, dorthin fließt die schöpferische Energie. Wenn Sie sich beispielsweise vorstellen, Sie würden in eine Zitrone beißen, wird sich Ihr Mund zusammenziehen, und wenn Sie an Ihren letzten Urlaubsort denken, werden Sie wahrscheinlich ein emotionales Hochgefühl erleben. Wenn Sie an jemanden denken, der Sie geärgert hat, wird Ihre Laune sinken, und wenn Sie an Ihren letzten Flirt denken, wird sie steigen. Doch es ist nicht nur entscheidend, an wen oder was Sie denken, sondern auch *wie* Sie darüber denken.

Mitgefühl schenkt Wohlbefinden

Denken Sie einmal an einen Menschen, den Sie eigentlich nicht so sehr mögen. Sie werden erleben, dass Ihre Laune sinkt. Und dann überlegen Sie einmal, was an ihm positiv sein könnte. Entwickeln Sie Mitgefühl für ihn, beispielsweise indem Sie erkennen, dass der andere aufgrund seiner Begrenzungen nicht anders sein kann, als er ist. Vielleicht hatte er Enttäuschungen oder ein schweres Schicksal erlebt. Vielleicht entdecken Sie an ihm sogar etwas, das Sie an ihm nett finden könnten, eine verborgene positive Eigenschaft. Indem Sie dies tun, werden Sie erleben, dass Ihre Befindlichkeit besser wird.

Nun nützt es gar nichts, sich Positives einzureden und unbewusst zu glauben, der andere sei doch ein mieser Kerl. Das bewusste Richten der Aufmerksamkeit bedeutet nicht, Scheuklappen aufzusetzen und sich alles schönzureden, sondern sich die Mühe zu machen, in dem vermeintlich Schwierigen die positiven Möglichkeiten zu erkennen und herauszuarbeiten, ohne die Schwierigkeiten deshalb zu leugnen oder zu verdrängen.

Das Richten der Aufmerksamkeit vermag jedoch noch mehr, als positive oder negative Aspekte zu betonen – es gestaltet die Realität! Bewusst oder unbewusst gestalten Sie selbst Ihre Lebensumstände, die Ereignisse, Beziehungen und alle Bereiche Ihres Lebens in einem weitaus größeren Maße, als Ihnen bewusst ist.

Es genügt, dass Sie Ihr Bewusstsein auf einen bestimmten Aspekt Ihres Lebens richten und eine Weile gerichtet halten, und Ihr Sein verwandelt diesen Aspekt, bis er Ihnen vollkommen entspricht. Ganz natürlich verwandelt sich Ihr ganzes Leben in ein Spiegelbild der Vollkommenheit Ihres Seins. Sie können in einer noch so schwierigen oder gar aussichtslos erscheinenden Lage sein, das ist ohne jede Bedeutung, weil Sie es in jedem Augenblick durch die Verlagerung der Aufmerksamkeit ändern können. Die Realität ist jederzeit bereit, jede gewünschte Form anzunehmen.

Wohin Sie Ihr Bewusstsein lenken, dorthin fließt die schöpferische Energie. Richten Sie Ihr Bewusstsein auf Probleme, Mängel und Schwierigkeiten, werden Sie ein Leben lang Probleme, Mängel und Schwierigkeiten erleben. Richten Sie Ihr Bewusstsein auf Chancen und Möglichkeiten, werden Sie diese erfahren. Sie selbst sind wie ein Prisma, durch das die an und für sich neutrale Energie des Universums gelenkt wird.

Sie tun das unentwegt, nur meistens unbewusst. Mental-Training ist nun ein Weg, es mehr und mehr bewusst zu tun.

In dem Sinne ist es auch eine Schulung der Aufmerksamkeit. Woran Sie denken, davon bekommen Sie mehr! Mentales Training zu beherrschen bedeutet also auch, die eigene Aufmerksamkeit zu beherrschen. Ein Klient hatte einmal die Ehre, für ein paar Minuten das Gewand des Zen-Meisters und Schriftstellers Alan Watts zu tragen. Er berichtete mir, dass er ganz deutlich spüren konnte, dass es sich bei dem Besitzer um einen Menschen handelt, der – frei von Illusionen – jederzeit in der Lage ist, seine Aufmerksamkeit auf ein ganz bestimmtes Ziel zu lenken oder von ihm abzuziehen. Wer seine Aufmerksamkeit beherrscht, beherrscht seine Welt!

Die Beherrschung der Aufmerksamkeit darf keine Diktatur des Egos sein. Wir leben in einer Welt, in der alles mit allem verbunden ist. Der Mensch ist keine Insel. In den Extremen finden wir Menschen, die fixiert auf ihr Ziel über Leichen gehen, oder Fatalisten, die am Straßenrand betteln, weil »man ja ohnehin nichts machen kann«. Auch der symbiotische Mensch, der so stark auf seine Umwelt eingeht, dass er dabei sich selbst vergisst, lebt ein unausgewogenes Extrem. Seinen Geist meisterlich einzusetzen bedeutet, weder die inneren Ziele noch das Außen verkümmern zu lassen, sondern beides gleichermaßen zu nähren und dabei stets eine angemessene Priorität zu setzen. So etwas kann nur ein höchst bewusster Mensch. Den Maßstab müssen Sie jeweils selbst setzen, manchmal in Sekundenschnelle. Manchmal mag es angebracht sein, nur an sich selbst und eigene Angelegenheiten zu denken, manchmal geht der andere vor. Egoismus und Altruismus können beide gesund sein, es kommt auf die jeweilige Situation an.

Ein Ehemann kam in meine Praxis und beklagte sich, dass seine Frau ihn verlassen wolle, weil sie zu wenig Aufmerksamkeit von ihm bekommen würde. Er dachte, dass es ausreichen würde, das Geld nach Hause zu bringen, sich um den Garten zu kümmern und ab und zu seine Frau zu einem Konzert einzuladen. Er verstand überhaupt nicht, dass sie nach menschlicher Wärme, Nähe und einfühlsamen Gesprächen hungerte und sich deshalb einen Liebhaber gesucht hatte. Indem er im Laufe von mehreren Sitzungen lernte, seine Aufmerksamkeit auch auf die Liebe zu sich selbst und zu seiner Frau zu lenken, gewann er sie zurück.

Wer oder was benötigt unsere Aufmerksamkeit:

- unser Körper, der uns mit seiner Befindlichkeit und der »Botschaft der Symptome« stets signalisiert, was er braucht,
- unsere Gefühle, damit wir nicht gefühlskalt am Leben vorbeileben,
- unsere Mitmenschen, mit denen wir ein liebevolles Miteinander entwickeln können,
- unsere Muse, damit wir uns nicht zum Fachidioten entwickeln,
- unsere Seele, damit wir nicht innerlich vertrocknen.

Wir können die richtige Steuerung der Aufmerksamkeit mit einem König vergleichen: Ein König, der seine unwilligen Untertanen einer Ideologie folgend niederknüppelt, wird vielleicht in irgendeinem Lebensbereich Erfolg haben – aber sein Reich wird verkümmern. Er wäre ein Diktator. Das Leben ist aber nicht als Diktatur gedacht, sondern als »Lernspiel« unter Einbeziehung aller Beteiligten. Mentales Training in der

Praxis bedeutet, ein weiser König für das eigene Bewusstsein zu sein und in jeder Lebenssituation eine stimmige Antwort zu finden. Genau dafür benötigen Sie ein vernetztes und zugleich fokussiertes Bewusstsein – was sich durch mentales Training entwickeln lässt. Mental bewusst zu sein bedeutet, jederzeit Prioritäten setzen zu können, und zwar nicht aus einer Bequemlichkeit heraus, sondern aus einer Bewusstheit, die die Gesamtlage übersieht, und immer wieder in die eigene Mitte zurückzukommen. Die Schulung dieser Bewusstheit kann Ihnen niemand abnehmen!

Die Aufmerksamkeit auf eine erwünschte Qualität richten

Suchen Sie sich einen Lebensbereich, der Ihnen wichtig ist, Ihr Beruf, Ihre Beziehung, Ihre Gesundheit oder was auch immer. Was liegt Ihnen momentan am Herzen? Welche Qualität wollen Sie in diesen Lebensbereich einbringen? Geistige Klarheit, Unschuld, Liebe? Nachdem Sie den Lebensbereich und die Qualität gewählt haben, stellen Sie einen Wecker auf zehn Minuten. Schließen Sie die Augen und denken Sie an den Lebensbereich und an die Qualität, die Sie verwirklichen wollen, beispielsweise Liebe. Wiederholen Sie in Gedanken das Wort »Liebe«, immer wieder, bis Sie spüren, dass Sie von Liebe erfüllt sind, dass die Liebe Sie durchdringt. Wann immer andere Gedanken oder Gefühle aufsteigen, lassen Sie sie vorüberziehen. Sagen Sie: »Nein, jetzt nicht, jetzt denke ich Liebe.« Lassen Sie Ihre Aufmerksamkeit die ganze Zeit über auf die erwünschte Qualität gerichtet, bis der Wecker läutet. Danken Sie dann dafür, dass Sie diese Übung vollziehen konnten.

Sie können Ihre Aufmerksamkeit auch auf das göttliche Selbst, das in allem wohnt, oder ein gewünschtes positives Ergebnis gerichtet halten. Wann immer Sie sich im Alltag dabei ertappen, dass Ihre Aufmerksamkeit abgelenkt ist, richten Sie sie ab jetzt auf eine hilfreiche, erwünschte Qualität.

Alles, was ist, können Sie umwandeln

Wenn Sie ein Haus bauen wollen, müssen Sie zuerst einmal eine Grube ausheben. Bevor Sie eine Goldkrone auf Ihren Zahn setzen lassen, müssen Sie erst einmal die Karies ausbohren lassen. Dies bedeutet unerwünschte Kreationen auflösen. Dafür brauchen Sie jedoch nicht zu kämpfen. Wie wir bereits gesehen haben, ist es ja gerade der Widerstand gegen das sogenannte Negative, der uns am Fortschritt hindert. Anders gesagt: Je fester Sie gegen eine Wand drücken, umso fester drückt die Wand zurück.

Alles Unerwünschte, das Sie belastet oder sich in Ihr Leben drängt, bezieht seine Kraft aus dem Widerstand, den Sie gegen diese »negative Kreation« haben. So entstehen Blockierungen, die Sie vor dem Unangenehmen schützen wollen. Zugleich verhindern sie aber Ihre positive Manifestation.

Es ist ganz natürlich, Widerstand gegen das Unangenehme zu fühlen. Aber genau in der Bereitschaft, zu fühlen, was Sie eigentlich nicht fühlen wollten, obwohl es sich aufdrängt, finden Sie die Lösung. Sie lösen die unerwünschte Sache auf, indem Sie Ihren Widerstand gegen das, was Sie bedrängt, geistig aufgeben. Dann muss es in der äußeren Welt nicht mehr gelebt werden.

Praktisch sieht das wie folgt aus: Sie gehen gedanklich in einen Raum, in dem Sie das Unerwünschte geistig erleben und sich in ihm ausdehnen, bis es nicht mehr weitergeht. Statt sich aber, wie im klassischen Mental-Training, nun mit Freude und Bejahung zu erfüllen, ziehen Sie Ihre Aufmerksamkeit aus diesem inneren Bild beziehungsweise Raum langsam ab, so wie Luft auf natürliche Weise einem Luftballon entströmt, wenn Sie den Knoten öffnen.

Es geht also um das Herausziehen der Aufmerksamkeitsenergie aus dem Raum, so dass er in sich zusammenfallen kann. Dann richten Sie die Aufmerksamkeit auf einen neuen Raum. Die innere mentale Bewegung von »Aufmerksamkeit abziehen« und »Aufmerksamkeit aufladen« ist so gegensätzlich wie beispielsweise der Unterschied, ob Sie an einem Strohhalm ziehen, um zu trinken, oder in ihn hineinblasen.

Sie ziehen also, nachdem Sie sich im Unerwünschten ausgedehnt haben, Ihre Aufmerksamkeit ab und richten Ihre Aufmerksamkeit auf das erwünschte Bild, lenken also den Energiestrom auf das Erwünschte. Es gibt Menschen, die weniger visuell, dafür aber eher sensuell veranlagt sind. Sie können versuchen, nicht so sehr in Bildern zu denken, sondern mehr zu fühlen. Die entscheidende Frage ist in dem Fall: »Was fühle ich, wenn ich das Unangenehme in mich hineinlasse, das heißt den Widerstand aufgebe?« Hier ist es hilfreich, sich in der Kunst zu üben, »zu fühlen, ohne zu denken«. Geben Sie den Widerstand, dieses oder jenes fühlen zu müssen, auf.

Auflösen unerwünschter Kreationen

Wählen Sie eine unangenehme Situation aus Ihrem Erleben, die noch in Ihnen schmort, oder eine Eigenschaft, die Sie nicht mögen.

1. Sie nehmen nun die Situation vollends so auf, wie sie ist, geben also Ihren Widerstand gegen das, was ist, auf und erlauben sich, das Unangenehme zu fühlen. Sie dehnen sich in dem Erleben bis an seine Grenzen aus. Sie gehen in seine Mitte und warten, bis das Gefühl seine Ladung verloren und sich neutralisiert hat. Handelt es sich um eine Gewohnheit, stellen Sie sich das unerwünschte Muster, die Reaktion oder das Verhalten als Raum vor und geben Ihren Widerstand dagegen auf. Unterstützend kann es sein, sich während dieses Teils daran zu erinnern, immer wieder in die Position des »reinen Beobachters« zu gehen.
2. Sie stellen sich das Stimmige als neuen Raum vor, Sie erfühlen, wie es positiv sein könnte. Maßstab für den neuen Raum ist nicht irgendeine Vorstellung, sondern das, was schöpfungsgerecht ist. Sie können intuitiv erfahren, was im jeweiligen Fall stimmig ist.
3. Sie gehen bewusst aus dem alten Raum in den neuen und verweilen darin, bis ein Gefühl von Freude und Dankbarkeit Sie erfüllt.

Denken Sie immer wieder daran, nicht nur anzunehmen, was ist, sondern auch ins Bewusstsein zu nehmen, wie es sein sollte, nicht aus Sicht des Egos mit seinen Vorstellungen, sondern aus der Sicht des Selbst. Der Maßstab der Stimmigkeit hilft

Ihnen, Egoismen und ungute Emotionen zu entlarven. Die Anwendung dieser Technik braucht etwas Zeit und Übung. Je mehr Sie sich darin vertiefen, in der Position des »reinen Beobachters« wahrzunehmen, wie sich die Ladung auflöst, umso schneller wird sich diese Technik anwenden lassen. Doch Vorsicht: Treiben Sie den Prozess weder voran noch unterdrücken Sie ihn – er hat sein eigenes Timing.

Wenn Sie in dieser Technik geübt sind, können Sie sie auch im Schnellverfahren verwenden. Dafür ist es besonders wichtig, sich bewusst zu machen, wer Sie »wirklich« sind. Fragen Sie sich zum Beispiel: »Wer hat denn hier überhaupt ein Problem?«

In der Schnelltechnik richten Sie die Aufmerksamkeit kurz und widerstandslos auf das, was sich auflösen soll, ziehen Sie ab und lenken Sie dann auf das, was stimmiger ist. Sie formulieren bei der Schnelltechnik in Worten oder Gedanken: »Danke, *das* (widerstandslos akzeptierter unerwünschter Zustand) hätte *ich* (wahres Selbst) gern *so* (adressierter und mit Freude und Dankbarkeit aufgeladener erwünschter Zustand).«

Ihr »wahres Ich« ist reiner Raum, der *alles* annehmen und deshalb auch alles umwandeln kann. Das Umlenken der Aufmerksamkeit ist hierbei wie das Umschütten von Milch von einem eckigen Behälter in einen runden: Die Essenz – Aufmerksamkeit – bleibt erhalten, aber die Form, in die sie gegossen wird, ändert sich nach Belieben – in dem Maße, in dem Sie Ihre Aufmerksamkeit beherrschen.

Einmal zur Gewohnheit geworden, ist das Umlenken der Aufmerksamkeit die natürlichste Sache der Welt. Wenn Sie möchten, installieren Sie in Ihrem Bewusstsein ein Inbild, das Sie stets daran erinnert, dass Sie diese Fähigkeit des Umlenkens der Aufmerksamkeit besitzen. Ich denke dabei an den Mantel von Alan Watts.

Verwirrung in Klarheit umwandeln

Nehmen wir an, da wäre Verwirrung, die Sie belastet. Nehmen Sie die Verwirrung wertfrei wahr, ohne ihr Widerstand entgegenzusetzen. Gehen Sie in Ihre Mitte, seien Sie reiner Beobachter und warten Sie, bis sich die Verwirrung von selbst gelöst hat. Stellen Sie sich nun einen Raum vor, erfüllt mit der gewünschten Qualität der Klarheit. Stellen Sie sich vor, wie dieser Raum von Klarheit beschaffen sein mag, wie er sich anfühlen mag. Nehmen Sie dann einen tiefen Atemzug und gehen Sie in diesen Raum von Klarheit, bis Freude und Dankbarkeit Sie erfüllen.

So lenken Sie die Aufmerksamkeit gezielt um – von einer belastenden Sache zu etwas Stimmigem! Tun Sie dies mit Qualitäten Ihrer Wahl. Was wäre Ihre Priorität? Von Depression zu Lebensfreude zu gelangen oder von Müdigkeit zu Wachheit? Trainieren Sie diese Übung regelmäßig, um sie später auch in Alltagssituationen praktisch anwenden zu können.

Die Aufmerksamkeit umlenken bei persönlichen Angriffen

Die Technik des Umwandelns können Sie auch einsetzen, wenn Sie sich persönlich angegriffen fühlen oder das Gefühl haben, sich verteidigen zu müssen. Statt Betroffenheitsreaktionen zu zeigen oder sich zu rechtfertigen, können Sie durch das Umlenken der Aufmerksamkeit die schwelende Negativität eliminieren. Hierfür ein praktisches Beispiel.

Ein Kollege greift Sie persönlich an und sagt, Ihr Standpunkt entspräche einem Armutsbewusstsein. Sie sind erregt, wollen sich verteidigen, spüren aber, dass Sie damit nur eine sinnlose Diskussion auslösen würden, die Sie keinen Schritt weiterbringt. Statt sich zu rechtfertigen, suchen Sie in sich, welches *Gefühl* der Vorwurf Ihres Kollegen in Ihnen auslöst. Dies kann einen Augenblick dauern, weil Sie Ihre Aufmerksamkeit ja vom anderen, der Sie attackiert, zu sich selbst, zu Ihrem inneren Spüren umlenken müssen. Sie tun dies und entdecken, dass Sie sich *belehrt* fühlen. Sie spüren einen Widerstand gegen Belehrung, und genau diese Weigerung erkennen Sie als Ihr Problem mit dem Kollegen. Sobald Sie keinen Widerstand mehr dagegen haben, sich von ihm belehrt zu fühlen, ist der ganze Ärger verdampft.

Nun erlauben Sie es sich einmal ganz bewusst, sich belehrt zu fühlen. Vielleicht fühlen Sie sich dabei dumm, wie ein Schüler, der nichts weiß. Dann erlauben Sie sich, auch dieses Gefühl zu fühlen. Wichtig ist dabei *zu fühlen, ohne zu denken*, also dieses Gefühl in vollem Umfang zu »schmecken«. Nachdem Sie dieses Gefühl – wertfrei – bis in den kleinsten Winkel Ihrer Seele erlebt haben, fragen Sie sich, was Sie stattdessen erleben möchten. Auch hier kann es einen Augenblick dauern, bis Sie das wissen. Ihre Intuition sagt Ihnen, dass Sie *stattdessen* lieber *Gelassenheit* erleben möchten, im Sinne von einem Losgelöstsein von der Meinung des anderen über Sie, dass das das stimmige Gefühl sei. Also richten Sie jetzt Ihre Aufmerksamkeit auf »Gelassenheit«. Sie spüren Gelassenheit. Sie erleben, wie Reste von Sich-belehrt-Fühlen« in sich zusammenfallen und der Raum von Gelassenheit immer stärker wird. Sie halten den Fokus so lange, bis sich das Gefühl von Gelassenheit ganz ausgedehnt hat und Freude und Dankbarkeit in Ihnen aufsteigen. Nun sind Sie wieder ganz bei sich selbst angekommen, abgekoppelt von Spielchen, Verstrickungsangeboten und Projektionen. Sie spüren den Raum Ihrer Gelassenheit und antworten aus diesem Raum heraus: »Danke, dass du dich mitgeteilt hast!«, ohne auf die Sache noch weiter einzugehen.

Die Aufmerksamkeit umlenken bei eigenen Vorbehalten

Nehmen wir einmal an, Sie haben einen Geschäftstermin mit einem Menschen, der einen starken Körpergeruch verbreitet. Der Verhandlungserfolg ist wichtig für Sie und Ihre Firma. Zugleich erleben Sie jedoch, wie Sie Ihren Gesprächspartner abwerten und verurteilen, weil er sich offenbar nicht gewaschen hat oder stark schwitzt.

Auch hier können Sie die Aufmerksamkeit umlenken. Wie? Zuerst einmal fragen Sie sich, welches Gefühl der andere durch sein Sosein in Ihnen auslöst und benennen dieses Gefühl so exakt wie möglich. Im vorliegenden Fall könnte es *Ekel* sein. Geben Sie nun Ihren Widerstand dagegen auf, Ekel zu fühlen. Erlauben Sie sich, dass dieses Gefühl sich in Ihnen ausdehnt, bis es nicht mehr stärker geht. Dann machen Sie sich bewusst, wer Sie *wirklich* sind. Wer Sie wirklich sind, hat nichts mit dem zu tun, was Sie riechen oder sehen. Gehen Sie in diesen Raum von »Ich bin«. Entscheiden Sie aus diesem Raum heraus, welches Gefühl Sie stattdessen empfinden möchten. Vielleicht erkennen Sie, dass Ihr Geschäftspartner ein weites Herz hat oder dass er seine Unterlagen besonders sorgfältig ausgearbeitet hat. Wie auch immer, suchen Sie etwas Positives, auf das Sie sich konzentrieren können, denn die Energie folgt bekanntlich immer der Aufmerksamkeit.

Das bedeutet nicht, das Unerfreuliche zu verdrängen, Sie haben es ja zur Kenntnis genommen und intensiv gefühlt. Es bedeutet lediglich, den Zoom Ihrer inneren Kamera auf etwas anderes zu richten, so dass der schlechte Geruch unscharf wird und etwas anderes ins Blickfeld Ihres Bewusstseins rückt. Gerade bei der Sympathie, die Sie für Ihren Geschäftstermin ja brauchen, ist es wichtig, etwas Positives an dem Gespräch und am anderen zu finden. Beispielsweise wählen Sie den Fokus »Korrektheit«. Konzentrieren Sie sich darauf, wie korrekt Ihr Geschäftspartner arbeitet, und loben Sie ihn dafür. So holen Sie aus Ihrem Geschäftstermin ein optimales Ergebnis.

Natürlich können Sie dieses Umlenken der Aufmerksamkeit auch im Privatleben üben. Es gibt bei jedem Menschen, der Ihnen begegnet, etwas Schönes zu entdecken. Ihre Aufmerksamkeit bestimmt, was Sie sehen. Den anderen anzunehmen, wie er ist, bedeutet natürlich nicht, dass Sie ihm nicht einen Tipp geben könnten – doch überlassen Sie es dem anderen, was er damit anfängt. Betreiben Sie keine »Zwangsbeglückungen«, denn: Jeder unerbetene Ratschlag ist ein »Schlag«.

Das Positive finden

Gegen welchen Menschen, welchen Sinneseindruck oder welchen Lebensumstand haben Sie Vorbehalte? Finden Sie ungeachtet des Vorbehaltes ganz gezielt einen positiven Aspekt, auf den Sie Ihre Aufmerksamkeit richten können. Gehen Sie ganz gezielt in eine Situation, in der Ihnen der Vorbehalt begegnet, und üben Sie sich darin, die Aufmerksamkeit vom Vorbehalt weg- und zum positiven Aspekt hinzulenken. Lockern Sie mit dieser Methode auch im Alltag immer wieder Ihre Vorbehalte oder lösen Sie sie ganz auf.

Die Aufmerksamkeit umlenken bei Gewohnheiten und Süchten

In meine Praxis kam einmal ein junger Mann, der sich für seine Sucht nach den Sexseiten im Internet schämte. Es war wie ein Sog: Wann immer er sich im Büro langweilte oder von seinem Chef einen »Rüffel« bekommen hatte, klickte er wie in Trance eines der heißen Angebote an. »Nur mal fünf Minuten schauen«, sagte er sich, doch in der Regel ertappte er sich dabei, dass er stundenlang auf Geschäftskosten gesurft hatte. Das ungute Gefühl, weder seine Arbeit geleistet zu haben noch wirklich befriedigt zu sein, belastete ihn ebenso wie die Angst, von seinem Chef erwischt und infolgedessen entlassen zu werden. Ich bat den Patienten, erst einmal sein Gefühl wahrzunehmen. Da war zunächst nicht eingestandene *Scham*. Ich hieß den Klienten diese Scham in allem Umfang zu fühlen, bis es nicht mehr stärker geht, vor Scham quasi in den Boden zu versinken. Er konnte so den Widerstand gegen dieses Gefühl aufgeben und ja zu dieser Scham sagen. Es dauerte einige Zeit, dann kamen bei dem Mann einige Tränen hoch. Ich bat ihn, dieses Gefühl voll zu akzeptieren und während des Fühlens den eigenen Atem zu beobachten. Es meldete sich nun *Bedauern*, das er ebenfalls fühlen konnte. Eine Reihe weiterer Emotionen wie *Frust, Demütigung, Schmerz* tauchten aus dem Bauch des Klienten auf, sie alle wurden erlaubt, ohne großes Aufsehen deswegen zu machen oder sie mit irgendeiner Geschichte zu verbinden. Gefühl ist Gefühl – Punkt. Spannungen wurden spürbar und auch diese durften voll erlebt werden. Irgendwann ließ der Druck der Gefühle nach, und der Mann erinnerte sich daran, wer er *wirklich* ist und dass das nichts mit seinem Verhalten zu tun hat. Er kam mit dem, was er fühlte, in *Frieden*. Ich fragte ihn, ob Frieden das Gefühl sei, das er statt der Missemotionen fühlen wollte, und er bejahte es. Daraufhin bat ich ihn nun, da alles gefühlt war, seine Aufmerksamkeit auf *Frieden* zu konzentrieren und als reiner Beobachter wahrzunehmen, wie sich die Missemotionen in Frieden verwandelten. Der Klient erkannte, dass das Ausweichen auf Internetsex einen Angriff auf seinen inneren Frieden darstellte. Und etwas Zusätzliches meldete sich als neues wünschenswertes Gefühl: »Wahre Liebe mit dem richtigen Partner.« Als Formel zur Umlenkung der Aufmerksamkeit prägte sich mein Klient ein: »Danke, *diese Sache* (Sucht) hätte *ich* gern *so* (innerer Frieden/wahre Liebe)!«

Ich bat meinen Klienten, diesen Satz mit dem Atmen zu verbinden. Wann immer er eine Versuchung, einen Angriff auf seinen Frieden spüren würde, sollte er zukünftig innehalten und einen tiefen Atemzug nehmen, verbunden mit der gelernten Formel: »Danke, dies (beim Einatmen) hätte ich gern so (beim Ausatmen)!« Anmerkung: Mit diesem Fall aus meiner Praxis soll nicht der moralische Anspruch erhoben werden, Internetsex sei generell »schlecht« – letztendlich ist es jedem selbst überlassen, wie er sein Leben gestaltet. Wichtig ist mir die Möglichkeit, auf die diese Technik hinweist: Mit dieser Methode können Sie jede Sucht angehen, ob Nikotin-, Alkohol- oder Streitsucht. Denn hinter jeder Sucht steckt die Weigerung, eine bestimmte Emotion zu fühlen. Sind Sie bereit, das, was Sie mit der Sucht zudecken wollen, zu fühlen, verliert die Sucht ihren Zugriff auf Sie.

Bremsende Gewohnheiten umwandeln

Überlegen Sie einmal, ob es eine Gewohnheit in Ihrem Leben gibt, von der Sie das Empfinden haben, dass Sie sie unglücklich macht oder von Ihrem Erfolg abbringt. Machen Sie sich bewusst, welches Gefühl Sie dadurch verdrängen wollen, und seien Sie bereit, dieses Gefühl einmal ganz bewusst wahrzunehmen. Dann fragen Sie sich, was Sie statt des unangenehmen Gefühls lieber empfinden würden. Finden Sie für sich eine Formel, die Sie darin unterstützt, die Gewohnheit umzulenken. Das könnte zum Beispiel sein:

- »Es schmeckt nichts so gut wie frischer Atem« (für Raucherentwöhnung).

- »Ich freue mich aufs leckere Frühstück« (für Langschläfer als Aufstehensmotivation).
- »Es ist so wunderschön, frei von Scham zu sein« (für heimliche Süchte).

Kritische Gesprächssituationen

Wann immer Sie sich im Gespräch in Bedrängnis fühlen, können Sie die Aufmerksamkeit mit Worten umlenken. Fragen Sie sich: »Was will mir der andere *günstigstenfalls* signalisieren« und lenken Sie Ihre Worte in diese Richtung.

Ihr Nachbar läutet und schreit Sie an, weil Sie den Fernseher zu laut gestellt hätten. Natürlich können Sie nun dreimal so laut zurückbrüllen, einen Nachbarschaftskrieg vom Zaun brechen oder ausziehen. Probieren Sie es einmal mit den folgenden Überlegungen: Was will Ihnen der Vermieter *günstigstenfalls* signalisieren? Dass Sie ein Idiot sind? Nein, das wäre nicht der günstigste Fall. Vielleicht, dass er ein Mensch ist, der auf Nachtruhe großen Wert legt? Okay, probieren Sie es damit und lenken Sie die Aufmerksamkeit in diese Richtung, zum Beispiel mit den folgenden Worten: »Ich sehe, dass Nachtruhe für Sie eine besondere Wichtigkeit darstellt. Ich selbst mag es, abends fernzusehen. Ich würde gern zu Ihnen in die Wohnung rüberkommen und mich davon überzeugen, wie laut der Fernseher dort wirkt, damit wir gemeinsam die richtige Lautstärke finden können – wäre das eine Lösung für Sie?« Wenn der Nachbar dann noch nicht einlenkt, gehen Sie auf das Vorgebrachte immer wieder ein und variieren so lange, bis Sie einen gemeinsamen Weg gefunden haben.

Wichtig ist es in dem Zusammenhang, dass Sie die Technik nicht mechanisch durchführen. Es ist wichtig, im anderen den Aspekt anzusprechen, der stimmig ist. Jeder Mensch hat ein Herz. Der Zen-Meister Roshi sagte einmal: »Jeder Mensch hat etwas, das er liebt – und wenn es nur Tortillas sind.« Finden Sie durch das Umlenken der Aufmerksamkeit einen Zugang dazu. Das Ganze hat nichts mit Unterwürfigkeit zu tun, sondern es geht darum, einen friedvollen Weg des Miteinanders finden zu können. Es geht auch nicht darum, den anderen mit dieser Technik zu »besiegen«. Es geht darum, die Aufmerksamkeit umzulenken von einer sinnlosen Konfrontation hin zu einem Brennpunkt, mit dem sich leben lässt.

Selbst-bewusst leben

Vom Vorbild zum Inbild

Vorbilder können hilfreich sein. An jemand anderen zu denken, der eine ganz bestimmte Qualität verwirklicht hat, erweist sich oftmals als wertvolle Brücke, bis man selbst diese Qualität entwickeln konnte. Hierbei kann es sogar hilfreich sein, sich ein Bild dieses Menschen auf den Schreibtisch zu stellen, zum Beispiel:

- Muhammad Ali für Kampfgeist und Durchsetzungskraft
- Nelson Mandela für gesellschaftliches Wirken
- Paulo Coelho für Weisheit
- Mahatma Gandhi für friedvolle Durchsetzung
- Paramahansa Yogananda für spirituelles Erwachen

Das Vorbild richtig nutzen

Bleiben Sie nicht bei dem Vorbild stehen, sondern versetzen Sie sich selbst in Ihr Vorbild hinein, um auch wirklich an die Essenz dieser Qualitäten zu kommen. Schauen Sie sich Ihr Vorbild an.

1. Ich sehe das Vorbild vor mir und wertschätze sein Dasein.

2. Ich fühle, wie seine Qualität auf mich wirkt, wie sie mich beeindruckt.
3. Ich fühle mich in mein Vorbild hinein. Ich erlebe mich selbst als mein Vorbild: Wie würde ich mich fühlen, wenn ich dieses Gesicht hätte, diese Figur, diesen Bart?
4. Was macht die »Essenz« der Qualität meines Vorbildes aus? Wie wirkt mein Vorbild mit dieser Qualität? Wie »schmeckt« die Essenz seiner geachteten Qualität?
5. Ich fühle nun wieder mein eigenes Gesicht, meine eigene Figur, aber angefüllt mit der Essenz der Qualität des soeben Erlebten.

Ein Schüler beklagte sich in meiner Praxis darüber, dass er immer wieder verprügelt würde. Ich fragte ihn, welches Vorbild ihm helfen könnte, dass er nicht mehr misshandelt würde. Er erwiderte: »Muhammad Ali!« Daraufhin wies ich ihn an, sich alle Videos von Muhammad Ali zu besorgen, die er bekommen könnte, und sich all seine Kämpfe ganz bewusst immer wieder anzuschauen. Eines Tages kam mein Patient in die Praxis und berichtete mir freudestrahlend Folgendes: Vor wenigen Tagen wurde er wieder von einem Klassenkameraden gehänselt und angegriffen. Da dachte er blitzschnell an Muhammad Ali und versetzte dem anderen einen Schubser, der so gewaltig war, dass er zu Boden fiel. Der andere war so verdattert, dass er sich mit den Worten »Ist ja schon gut« aus dem Staub machte. Ihm war, als hätte Muhammad Ali durch ihn gewirkt.

Wenn Sie dazu bereit sind, könnten Sie allerdings noch einen Schritt weitergehen: Sie könnten selbst als Meister handeln. Erst einmal besteht ein gewaltiger Unterschied zwischen einem Vorbild und einem Meister. Bei einem Vorbild haben Sie ja, wie der Name sagt, immer noch ein Bild. Selbst wenn es sich um einen Meister handelt, nehmen wir beispielsweise Yogananda, dann denken Sie dabei an einen Mann mit langen Haaren usw. Dies ist aber nur das Bild von Yogananda. Wenn Sie Yogananda in seiner Essenz wahrnehmen, dann erleben Sie ihn als eine hochgradig intelligente und heilige Essenz, Sie nehmen seine Errungenschaft in der Essenz wahr. Dann sind auch die menschlichen Eigenschaften dieses großen Yogi nur sekundär für Sie, das heißt, Sie versuchen nicht, diese menschlichen Eigenschaften nachzuahmen (zum Beispiel die gleichen Ernährungsgewohnheiten wie er zu pflegen), sondern gehen in Resonanz mit seiner Liebe, seiner Weisheit usw. Wenn Sie begleitend damit Ihre Ernährung verändern, ist es gut, tun Sie es nicht, ist es auch gut. Sie haben dann statt eines Vorbildes einen »inneren Meister«, den Sie gedanklich zu jeder Lebenslage fragen können. Dieser Meister muss übrigens nicht unbedingt ein spiritueller Meister oder eine weltbekannte Persönlichkeit sein. Für so manch ein gesellschaftliches, berufliches oder auch privates Thema könnte es beispielsweise ratsam sein, seinen (verstorbenen) Großvater geistig zu befragen, der einen persönlich ganz genau kennt.

Eine große Persönlichkeit befragen

Fragen Sie sich: Für welche Lebenslage würde ich mir jetzt gerade einen weisen Rat wünschen? Und welche Person der Gegenwart oder Vergangenheit würde mir diesen Rat bestmöglich geben können? Stellen Sie sich vor, diese Person säße direkt vor Ihnen, Sie würden gleichzeitig mit ihr atmen, ihr in die Augen schauen und sie fragen. Was würde sie antworten? Wenn Sie nichts hören können, dann fragen Sie sich: Wie würde diese Person auf meine Frage reagieren? Notieren Sie die Antwort.

Ein alter Zen-Spruch sagt: »Anfangs geht Buddha vor dir, dann geht er hinter dir, dann geht er in dir.« Am Anfang befragen Sie Ihren inneren Meister und lauschen seinen Antworten. Später spüren Sie schon bei sich selbst die Stimmigkeit, und Ihr innerer Meister stärkt Ihnen den Rücken für Ihren Weg. Und irgendwann sind Sie selbst der »innere Meister«.

Den eigenen Fortschritt eingebettet in das große Ganze erleben

Es ist sinnvoll, die eigene Entwicklung und den eigenen Fortschritt als eingebettet in etwas Größeres zu erleben, in Respekt für jene, die vor Ihnen bereits Erfolge erzielt haben, und im Wohlwollen gegenüber jenen, die vielleicht noch ein Stück hinter Ihnen sind. Dadurch vermeiden Sie Neid von unten und sichern sich die Hilfe von oben. Zugleich vermeiden Sie die Arroganz, der einzige Mensch auf der Welt zu sein, der sich mit Ihren Themen herumschlägt, und fühlen sich getragen vom Geflecht der menschlichen Entwicklung, in die sie eingewoben sind.

Die eigene Entwicklung ist das wesentliche Geschenk, das wir der Welt hinterlassen können. Wenn wir sie mit dem Wunsch um das Wohlergehen der ganzen Welt verbinden, potenziert sich dieses Geschenk. Das nachfolgende Wunschgebet stammt aus der tibetischen Lojong-Tradition und wurde von Linda B. Jones in ihrem »Kleinen Handbuch der Traumabewältigung« veröffentlicht. Es bezieht sich auf das Thema der Genesung, lässt sich aber genauso gut auf Erfolg oder Kreativität u. a. anwenden:

»Ich verneige mich vor den anderen, die vor mir Genesung
  gefunden haben.
Möge meine Entschlossenheit auf dem Pfad stark sein.
Ich habe die Erfahrung der Kraft positiver Ausrichtung gemacht.
Möge ich versuchen, das Richtige zu tun und das Falsche zu
  lassen.
In lebhafter Erinnerung an die Kraft der Negativität mögen
  äußere, innere und geheime Hindernisse völlig ausgeräumt
  werden.
Mögen alle Wesen sich des Glücks und des Friedens erfreuen.«

Der erste Satz erkennt an, dass es Menschen gibt, die in dem speziellen Bereich, in dem Sie Fortschritt suchen, weiter fortgeschritten sind. Verneigen bedeutet in dem Zusammenhang keine Götzenanbetung, sondern sich der eigenen Widerstände gegen die Errungenschaften anderer bewusst zu sein und diese fallenzulassen. Weder im Nachahmen der Persönlichkeit des anderen noch in der Zurückweisung, weder in der Idolisierung noch im Trotz finden wir aufrichtige Hilfe. Verbeugen hilft uns, Demut und Sanftheit in uns selbst zu kultivieren. Wir anerkennen auch, dass es sich um ein »Finden« handelt.

Mit dem zweiten Satz nehmen wir Kontakt mit der Quelle von Entschlossenheit auf, wo immer sie zu finden ist.

Der dritte Satz fordert auf, sich an eine Zeit zu erinnern, in der wir die Kraft der positiven Ausrichtung spürten und damit eine Kraft, die stärker ist als wir selbst.

Im vierten Satz richten wir unsere Aufmerksamkeit auf die eigene Stimmigkeit.

Der fünfte Satz bedeutet zuerst: Feind erkannt – Feind gebannt. Dann bringen wir Bodenständigkeit in das Gebet.

Und im Abschlusssatz wünsche und gebe ich allen Wesen Unterstützung für ihren Weg.

Wenn Sie möchten, beten Sie dieses Gebet in sieben Durchgängen und verändern jedes Mal den Fokus. Eine mögliche Siebenerreihe könnte sein: allumfassende Heilung, innerer und äußerer Frieden, der eigene Platz in der Welt, Beziehungsfähigkeit, verbaler Ausdruck, Erfolg, Befreiung.

Die eigene energetische Qualität positiv verändern

Jeder Mensch verfügt über eine energetische Signatur, vergleichbar der Handschrift. Welche energetische Signatur ein Mensch hat, lässt sich nicht nur an seinem Verhalten erfühlen, es zeigt sich auch am Ergebnis, also an den Lebensumständen und dem gesundheitlichen Zustand, in denen sich dieser Mensch befindet. Niemand würde von sich sagen: »Ich lüge, ich stehle, ich habe ein enges Bewusstsein, das die Fülle nicht zulässt.« Doch die Sprache seines Körpers und seiner Lebensumstände sagt vielleicht genau solche Dinge über ihn aus. Oftmals werden dann »Begründungen« für den eigenen Missstand herangezogen, Kindheit, Umwelt usw., statt zu erkennen, dass jeder Einzelne im Rahmen seiner Möglichkeiten seine energetische Signatur verändern kann. Da wir oftmals in alten Gewohnheiten und Denkmustern festhängen, genügt es nicht, diese Möglichkeit einmal zu nutzen und dann genau so falsch weiterzumachen wie bisher. Es ist das ständige Üben, das letztendlich den Erfolg bringt.

Die energetische Signatur verändern

Die Übung ist sehr einfach und überall anwendbar:
1. Machen Sie sich bewusst, wie Ihr Energiefeld derzeit ist. Hierfür nutzen Sie die bereits gelernte Selbstbeobachtung. (Es spielt keine Rolle, ob die wahrgenommenen Qualitäten positiv oder negativ sind.)

2. Benennen Sie den gegenwärtigen Zustand mit drei Begriffen, wie zum Beispiel »ruhig, bedrückt, beengt« oder auch »aufmerksam, nervös, leicht gereizt«. Richten Sie Ihre Aufmerksamkeit auf die positive Qualität, die Sie am leichtesten herstellen können. Für viele Menschen ist das »Ruhe«. Sagen Sie sich: »*Ich bin* Ruhe.« Erleben Sie, wie Sie von Ruhe durchflutet werden. Dann suchen Sie weitere Ihnen angenehme Qualitäten und erfüllen sich zusätzlich mit ihnen.

3. Fragen Sie sich, mit welcher Qualität Sie sich besonders gern erfüllen möchten, und üben Sie dann so lange, bis diese Ihnen zur zweiten Natur geworden ist.

Sollten Sie Schwierigkeiten mit einer ganz bestimmten Qualität haben, gibt es verschiedene Möglichkeiten, um sich selbst auf die Sprünge zu helfen. Fragen Sie sich:

● Wenn ich diese Qualität fühlen könnte, wie würde sie sich anfühlen?
● Gab es einen Zeitpunkt, zu dem ich mich in dieser Qualität (zum Beispiel als mutig) erlebt habe?
● Welche andere Person könnte mir als Vorbild für diese Qualität dienen?

Demjenigen, der eine visuelle Hilfe sucht, sei das Bild von Ballons empfohlen. Diese Idee stammt von Brandon Bays. Das Bild kann gerade am Anfang hilfreich sein, bis man gelernt hat, jede gewünschte Qualität zu verkörpern. Stellen Sie sich vor, dass Sie einen Helfer haben, der Ihnen jeweils einen Luftballon in der gewünschten Qualität anbietet. Um die

Wirkung zu verstärken, können Sie sich vorstellen, Sie atmen die Qualität aus dem Luftballon ein und nehmen sie dabei in sich auf. Nachfolgend ein Bild, das Sie beliebig oft kopieren können. Vielleicht möchten Sie dann anlässlich jeder Übung die Ballons in dem Bild neu ausmalen und mit Qualitäten beschriften.

Ihre Wahl könnte beispielsweise lauten:
1. Ruhe (»Ich erfülle mich mit Ruhe, strahle Ruhe aus, bin Ruhe.«)
2. Ruhe und Klarheit
3. Ruhe und Klarheit und Souveränität
4. Ruhe und Klarheit und Souveränität und Wissen

Wenn Sie die Qualitäten gewählt haben, ist es wichtig, dass Sie sich genug Zeit nehmen, um diese Qualitäten auch zu »verkörpern«. Um sich selbst dabei zu unterstützen, kann es auch hilfreich sein, es als Affirmation immer wieder vor sich herzusagen, wie eine Formel.

1. Ich erfülle mich mit Ruhe.
2. Ich erfülle mich mit Ruhe und Klarheit.
3. Ich erfülle mich mit Ruhe und Klarheit und Souveränität.
4. Ich erfülle mich mit Ruhe und Klarheit und Souveränität und Wissen ...

Möglicherweise ist es hilfreich, diese Affirmationen mit dem Atemrhythmus zu verbinden, zum Beispiel indem Sie sich immer mit dem Ausatmen mit der neuen Qualität erfüllen. Erst wenn es Ihnen gelungen ist, eine Qualität aufzunehmen, nehmen Sie die nächste hinzu. Fühlen Sie, wie Sie alle diese Qualitäten ausstrahlen.

Die passenden Eigenschaften
zur Problemlösung

Immer wieder werden Sie vom Leben vor Probleme und Aufgaben gestellt, die sich mit Ihrem gegenwärtigen Bewusstsein nicht lösen lassen. Kein Problem! In dem Fall verändern Sie einfach Ihr gegenwärtiges Bewusstsein so, dass Sie es lösen können, indem Sie die positiven Qualitäten Ihrem Bewusstsein hinzufügen, die Sie momentan am dringendsten benötigen:

- Leiden Sie an Armut, wählen Sie die »Energie der Fülle«.
- Belasten Sie eigene Härte und Lieblosigkeit, gehen Sie in die »Energie der Liebe«.
- Fühlen Sie sich isoliert, gehen Sie in die »Energie der Verbundenheit«.
- Leiden Sie an dem Lärm in der Welt, gehen Sie in die »Energie der Stille«.
- Fühlen Sie sich befremdet, gehen Sie in die »Energie des Mitgefühls«.
- Und so weiter.

Sie sind ein harmoniebedürftiger und eigentlich recht schüchterner Mensch. In Ihre Nachbarwohnung ist nun ein derber Kerl eingezogen, der die ganze Nacht über den Fernseher so laut stellt, dass Sie nicht schlafen können, laut und unflätig redet, die Türen knallt usw. Eigentlich fühlen Sie sich zu fein, um überhaupt zu reagieren, aber Sie spüren: Sie müssen etwas tun, ansonsten raubt der Mann Ihnen nicht nur den Schlaf, sondern auch die guten Nerven. Sie wissen, dass Sie mit ihm reden müssen, aber haben Angst davor. Also fragen Sie sich erst einmal, welche Eigenschaften Sie dafür brauchen. Ihnen kommt in den Sinn, dass Sie Mut, Konfrontationsvermögen und Durchsetzungskraft benötigen, zugleich aber auch Weisheit. In dem Fall erweitern Sie Ihr Bewusstsein wie folgt:

1. Ich bin Ruhe und strahle sie aus.
2. Ich erfülle mich mit Ruhe und Mut und strahle diese aus.
3. Ich erfülle mich mit Ruhe, Mut und Konfrontationsvermögen.
4. Ich erfülle mich mit Ruhe, Mut, Konfrontationsvermögen und Durchsetzungskraft.
5. Ich erfühle mich mit Ruhe, Mut, Konfrontationsvermögen, Durchsetzungskraft und Weisheit.

Dann stellen Sie sich vor, dass Sie beim Nachbarn läuten und ein klärendes Gespräch führen, das zu Ihren Gunsten ausgeht (siehe auch das Kapitel »Mentales Vorerleben«). Dann, aber erst dann, wenn Sie von den nötigen Qualitäten erfüllt sind *und* die Handlung bereits in Gedanken erfolgreich durchgeführt haben, führen Sie sie tatsächlich aus: Sie läuten beim Nachbarn und führen das Gespräch.

Zusammenfassend noch einmal die drei entscheidenden Schritte beziehungsweise Fragen zur Problemlösung:

1. Welche Qualität oder Eigenschaft brauche ich zur Lösung des Problems?
2. Ich erfülle mich mental mit dieser Qualität/diesen Qualitäten.
3. Ich löse das Problem, erst gedanklich, dann tatsächlich.

Belastungen aus der Vergangenheit heilen

Leben ist das, was ständig stattfindet, während die meisten Menschen anderweitig beschäftigt sind, so ähnlich sagte es John Lennon. Eine Möglichkeit, sich um das Jetzt zu betrügen, liegt im Festhalten der Vergangenheit. Es ist der Vergangenheit aber vom Wesen her gar nicht möglich, ins Jetzt vorzudringen. Manchmal schleppen wir jedoch Mengen an Altlasten mit uns herum. So manch einer beklagt sich: »Ich hatte so eine schwere Kindheit!« Und ich antworte ihm lediglich: »Seien Sie doch froh, dass sie vorbei ist!« Warum halten wir noch an der Vergangenheit fest? Weil wir mit etwas noch nicht abgeschlossen haben.

Vergangenes loslassen

1. Notieren Sie eine Situation der Vergangenheit, die Sie belastet hat. Das könnte insbesondere auch eine Schlüsselstelle sein, in der Sie eine (Fehl-)Entscheidung getroffen haben.
2. Notieren Sie, welche Qualitäten Sie damals benötigt hätten, um die Situation zu meistern.
3. Erleben Sie im Geiste, wie Sie mit derselben Situation optimal umgehen, wenn Sie im Besitz der betreffenden Qualitäten sind.
4. Verzeihen Sie sich und allen Beteiligten, dass Sie damals nicht besser mit der Situation umgehen konnten.

5. Erkennen Sie, was Sie aus der damaligen Situation heute lernen können, und entwickeln Sie Dankbarkeit für diese Lernchance, die Ihnen gegeben wird. Bringen Sie die neuen Qualitäten in Ihr Leben ein, damit Sie diese Lektion nicht wiederholen müssen. Erleben Sie das Wunder der Öffnung, die daraus entsteht.

Konzentrationsfähigkeit entwickeln

Äußere und innere Sinne trainieren

Ein wichtiger Schlüssel zum Mental-Training ist die Kraft der Konzentration. Konzentration zu halten sollte nicht anstrengend sein, eher spielerisch, aber eben doch konzentriert, so wie kleine Kinder sich auf ihr Spielzeug konzentrieren. Indem Sie Ihre Konzentration schulen, gewinnen Sie einen wichtigen Schlüssel für Ihr Leben. In der Regel verbinden wir das Thema der Konzentration mit dem Sehen, aber eigentlich umfasst Konzentration alle Sinne. Denken wir nur an eine Konzertaufführung und das Lauschen. Konzentration lässt sich also mit jedem einzelnen Sinn üben. Und dies gilt auch für die inneren Sinne.

Unsere Lebensenergie strömt Tag für Tag durch die fünf Sinneskanäle nach außen. Wenn wir uns dessen nicht bewusst sind, besteht die Gefahr, dass wir sehr schnell leerlaufen. Vielleicht kennen Sie das Gefühl, wenn Sie sich nach einem Einkaufsbummel in der Stadt ausgesaugt fühlen. Aus dem Wissen heraus, dass unsere Lebensenergie über die Sinne nach außen strömt, haben die Yogis im Osten Methoden gefunden, ihre Sinne zu versiegeln, um diese Energie für die seelische und gesundheitliche Entwicklung zu nutzen. Der Asket ist ein Beispiel dafür. Aus diesen Erkenntnissen stammt auch die Lehre von der Enthaltsamkeit.

Der Energieverlust oder auch Energieraub hängt nun nicht in erster Linie davon ab, *ob* wir unsere Aufmerksamkeit äußeren Sinnesreizen widmen, sondern *in welcher Bewusstheit* wir dies tun. Öffnen wir unsere Sinne liebevoll und bewusst und bleiben dabei gleichzeitig mit unserer Quelle verbunden, verlieren wir keine oder nur wenig Energie. Lassen wir jedoch zu, dass unsere Sinne mit uns durchgehen wie wilde Pferde, werden wir uns am Ende des Tages erschöpft fühlen.

Die Bewusstheit über die eigenen Sinneszugänge durch Konzentration zu schulen kann Ihnen helfen, sich in der äußeren Welt nicht zu verzetteln und die eigene geistige Kraft sinn- und gehaltvoll einzusetzen.

Nicht alle Menschen haben ihre inneren Sinne gleich stark entwickelt. Von den äußeren Sinnen her wissen wir dies bereits: Es gibt Menschen, die so scharf sehen können wie ein Falke, aber bei denen der Tastsinn nicht so gut entwickelt ist. Oder auch Menschen, die bei einem Konzert jedes einzelne Instrument heraushören können, aber so blind sind wie ein Maulwurf. Und es gibt Menschen, die sehr fein fühlen können, aber sie laufen nahezu taub durch die Welt.

Andere sind ungeheuer versiert darin, in ihren Körper hineinzufühlen, sind aber nicht in der Lage, in einer Unterredung irgendwelche Zwischentöne oder dezenten Andeutungen wahrzunehmen. Wiederum andere vermögen bei einem Gespräch auch die verborgensten Nuancen herauszuhören, aber sind blind für ihre eigenen Lebensvisionen. So manch ein erfolgreicher Mensch hat einen »Riecher« für das, was Glück bringt, und das, was versagt, hat aber keinerlei Sensoren für die Feinheiten kinästhetischen Empfindens. Wir erkennen die Unterschiedlichkeit der Sinneswahrnehmung auch an der Sprache eines Menschen. So sagt beispielsweise:

- Seher (visuell): »Man muss da mal hinschauen«, »Das sieht doch gut aus«, »Mach dir mal ein Bild davon«, »Stell dir das mal vor«.
- Hörer (auditiv): »Das klingt ja gut«, »Nachtigall, ick hör dir trapsen«, »Das rauscht an mir vorbei«, »Meine innere Stimme rät mir dazu«.
- Riecher: »Das riecht brenzlig«, »Darf ich da mal reinschnuppern?«, »Das stinkt mir«, »Ich kann diesen Menschen nicht riechen«.
- Schmecker: »Das schmeckt mir gar nicht«, »Das macht Appetit auf mehr«.
- Kinästhet: »Das fühlt sich gut an«, »Ich empfinde die Dinge ganz anders«, »Da stellen sich mir die Nackenhaare hoch«.

Achten Sie einmal darauf, welche Sinneswörter Ihr Gesprächspartner benutzt. Wenn Sie mit dem anderen gut kommunizieren wollen, ist es ratsam, sich des gleichen Sinnes zu bedienen. Sprechen Sie also zu dem Typ »Seher« in Bildern, zu dem Typ »Hörer« in Klang-Analogien usw. Die Wahrscheinlichkeit, dass Sie aneinander vorbeireden, wird dadurch deutlich geringer. Beachten Sie jedoch, dass gelegentlich jemand mit seinen Sprachgewohnheiten neben seinem Typ liegt, beispielsweise weil er die Redewendungen, die er einsetzt, von seinen Eltern gelernt hat. Prüfen Sie also immer wieder, ob Sie mit Ihrer Typeinschätzung richtigliegen, indem Sie erkennen, wie Ihre Ansprache ankommt.

Kommen wir von den äußeren zu den inneren Sinnen: Dieselbe Unterschiedlichkeit gilt auch für die innere Wahrnehmung. So gibt es beispielsweise Menschen, die hellsehen können, andere können hellfühlen, hellriechen oder auch hellhören. Wenn Sie Ihre »inneren Sinne« zu entwickeln beginnen, sollten

Sie mit dem Sinn beginnen, der Ihnen am zugänglichsten ist. Sollten Sie eine gute Beziehung zu Ihrem Körpergefühl haben, dann haben Sie wahrscheinlich viel Freude daran, in Ihre Organe und Drüsen zu lächeln und zu spüren, wie diese reagieren. Und wenn Sie ein Klangmensch sind, wird es Ihnen ein Vergnügen sein, Ihr »drittes Ohr« zu entwickeln. Und sollten Sie während der Meditation feststellen, dass Sie im Gegensatz zu anderen Meditierenden im Raum unerwartet Weihrauch, Vibutthi oder Rosenduft riechen, bietet der Geruchssinn Ihnen den besten Zugang zur Konzentration. In dem Fall kann es hilfreich sein, diesen beispielsweise durch ein geeignetes Räucherstäbchen oder entsprechendes Räucherwerk zu unterstützen.

Nachfolgend möchte ich Ihnen eine Reihe von Möglichkeiten anbieten, die Sie allesamt ausprobieren können.

Konzentration auf einen Punkt

Die Kraft der Konzentration lässt sich auf jeden und alles richten. Für viele Menschen ist es gerade am Anfang am einfachsten, sich auf etwas zu konzentrieren, was sie äußerlich *sehen*.

Jeder Gedanke hat das Bestreben, sich zu verwirklichen. Je konzentrierter Sie einen Gedanken denken, je länger Sie ihn im Bewusstsein halten, umso mehr Kraft kann er entwickeln. Normalerweise werden Ihre Gedanken abgelenkt. Wie können Sie jetzt einen Gedankenlaser entwickeln? Einfach, indem Sie Ihre Gedanken auf einen Punkt richten. Hierbei spielt es erst einmal keine Rolle, ob es sich um einen gedachten Punkt, einen Punkt an der Wand oder einen Punkt in einem Bild handelt. Wir wollen nun eine Übung praktizieren, mit deren Hilfe Sie leicht Konzentrationskraft entwickeln können:

Konzentration auf einen Punkt

Stellen Sie Ihren Minutenwecker auf eine festgelegte Zeit, beispielsweise auf zehn Minuten. Suchen Sie sich einen reellen oder gedachten Punkt an der Wand oder malen Sie einen Punkt auf ein Blatt Papier. Konzentrieren Sie sich darauf. Es spielt keine Rolle, ob der Punkt einen Millimeter oder zehn Zentimeter Durchmesser hat, Hauptsache, es ist ein Punkt. Betrachten Sie den Punkt. Lassen Sie Ihre Augen zugleich weich und doch konzentriert auf diesen Punkt gerichtet sein. Wann immer Ihre Augen woanders hinschauen, holen Sie sie zurück, beispielsweise mit den Worten: »Jetzt nicht, jetzt betrachte ich diesen Punkt!« Stellen Sie sich vor, die Umrisse des Punktes seien eine Grenze, über die Sie nicht hinausdürfen. Auch Ihre Gedanken sind voll auf den Punkt konzentriert. Wann immer Ihre Gedanken abschweifen wollen, richten Sie Ihre Aufmerksamkeit zurück auf den Punkt.

Während Ihre Aufmerksamkeit auf den Punkt gerichtet ist, beobachten Sie nun Ihren Atem. Stellen Sie sich vor, dass Sie gleichzeitig mit dem Punkt atmen, dass Sie über den Atem mit dem Punkt verbunden sind. Nehmen Sie auch den Raum zwischen dem Punkt und Ihnen wahr. Während Sie auf den Punkt schauen und den Atem beobachten, werden möglicherweise weiterhin Gedanken, Gefühle, vielleicht sogar ein Nebel hochkommen. In dem Fall üben Sie sich in der Technik des »Entnebelns«, das heißt, Sie schauen unvermindert auf den Punkt und nehmen gleichzeitig wertfrei alle Energien, Emotionen oder Gedanken wahr, die sich melden, ohne ihnen allzu viel Bedeutung zu geben. Wenn der Wecker geklingelt hat, schließen Sie kurz die Augen und spüren Ihrer Übung nach. Nehmen Sie die Tiefe und Stille in sich wahr. Dann öffnen Sie die Augen und genießen es, wieder ganz im Hier und Jetzt zu sein.

Konzentrationstraining anhand eines Bildes oder Gegenstandes

Es gibt Bilder, die eine starke Konzentrationskraft in sich tragen, man nennt sie auch Mandalas. Ein Mandala ist gemäß traditioneller Definition »ein Bild mit einem Zentrum in der Mitte, das den Betrachter bei fortwährender Konzentration in Kontakt mit einer höheren Wirklichkeit bringen kann«. In Indien werden Mandalas in Verbindung mit Gottheiten oder archetypischen Urenergien gebracht und Yantras genannt. Hier sei beispielhaft das Farbkartenbuch »Visionen der Göttin« erwähnt. Das bekannteste indische Yantra ist das Sri Yantra, das bei konzentrierter Betrachtung die Qualitäten des höchsten Gottes und der höchsten Göttin im Meditierenden vereinen soll.[*]

In der modernen Zeit hat Siegfried O. Müller Kraftbilder entwickelt, die die Elemente der Konzentration und der Bewusst-

[*] Nähere Ausführungen und auch Mandalas zum Ausmalen gibt u. a. Ruediger Dahlke in seinem Buch »Mandalas der Welt«.

seinserweiterung in sich vereinen. Auch sie eignen sich zur Konzentrationsübung.

Aus vielen Religionen der Welt kennen wir Statuen oder Bilder der Andacht, denen man nachsagt, dass der Betrachter durch Konzentration auf sie mit der heilenden/heiligen Energie der dargestellten Person (zum Beispiel Jesus, Mutter Maria etc.) in Kontakt kommt. Auch hier wirkt die Konzentration als Mittel, um mit dem Wesen der Statue oder des Bildnisses beziehungsweise auch mit dem Bewusstseinszustand des Künstlers zum Zeitpunkt der Erstellung in Kontakt zu kommen.

Darüber hinaus können wir uns auf ein Bild unserer Wahl konzentrieren, um die positive Energie des Bildes in uns aufzunehmen, zum Beispiel das Bild eines Wasserfalls für Reinigung oder eines Baumes für Kraft.

Als weitere Objekte der Konzentration eignen sich insbesondere Pflanzen (zum Beispiel eine Blume) und vor allem auch brennende Kerzen. Wenn Sie möchten, konzentrieren Sie sich auf die Mitte einer Kerzenflamme und stellen sich dabei vor, Sie würden durch das Flammentor der Kerze hindurchgehen.

Die Kraft einer Farbe aufnehmen

In meinem Buch »Geistheilung durch sich selbst (Psychokybernetik)« habe ich das »Farbensehen« als möglichen Zugang zu inneren Bewusstseinsebenen angesprochen. Unabhängig von der bewusstseinsöffnenden Wirkung kann das Farbensehen auch verwendet werden, um sich mit ganz bestimmten

Qualitäten aufzuladen, die exakt der jeweiligen Farbe entsprechen:

- Wenn Sie an die Farbe Blau denken, werden Sie Ruhe und Gelassenheit spüren.
- Die Farbe Gelb wird Ihr Denkvermögen fördern.
- Rot und Orange wirken sich grundsätzlich vitalitätssteigernd aus.

Eine wunderbare Möglichkeit, das Farbensehen zu trainieren, liefert übrigens das Farbenbuch »Colour Kingdom« von Sri Chinmoy. Hier finden Sie unzählige Farben und Farbnuancen, dargestellt als ausgefüllte Ellipse. Diese Form hat sich für das Auge als sehr angenehm erwiesen. Ersatzweise tut auch ein Plakatkarton gute Dienste.

Konzentration auf eine Farbe

Stellen Sie Ihren Minutenwecker auf beispielsweise zehn Minuten. Schauen Sie mit weichen, aber konzentrierten Augen auf eine Farbe Ihrer Wahl. Nehmen Sie die Farbe wahr, achten Sie darauf, wie sie auf Sie wirkt. Wann immer Ihr Bewusstsein, Ihre Gedanken oder Ihre Augen abschweifen, sagen Sie sich: »Jetzt nicht, jetzt konzentriere ich mich auf diese Farbe.« Imaginieren Sie, dass Sie gleichzeitig mit der Farbe atmen. Dann stellen Sie sich vor, Sie würden diese Farbe trinken, sie in sich aufnehmen. An welche Stelle Ihres Körpers würde diese Farbe am liebsten fließen? Und wo ist der Fluss dieser Farbe blockiert? Lassen Sie die Farbe auf sich wirken, ohne ihr Widerstand entgegenzusetzen, und erfreuen Sie sich an ihrer Wirkung.

Farben fühlen

Farben können Sie nicht nur sehen, Sie können sie auch fühlen. Betrachten Sie einen grünen, einen gelben und einen roten Farbton nacheinander zum Beispiel. Fühlen Sie die Farbe.

- Wo trifft diese Farbe an Ihrem Körper auf?
- Wie fühlt sie sich an?
- Wann in Ihrem Leben hatte diese Farbe einmal genug Raum, sich auszudrücken?
- Welches Bild, welche Erinnerung kommt in Ihnen hoch, wenn Sie an diese Farbe denken?

Nachfolgend einige Antworten von Klienten:
- Rot: »Trifft frontal auf meine Haut auf, wirkt frisch, aber aggressiv. Ich verbinde die Farbe Rot mit einem Tennisturnier in Buxtehude.«
- Gelb: »Kommt weicher und heller, als wenn sie Leichtigkeit in meinen Körper bringt. Ich verbinde die Farbe Gelb mit einem Stadtbummel in Nordschwabing.«
- Grün: »Diese Farbe wirkt direkt auf mein Herz, es ist, als wenn ich in einem gesunden Wald stehe, sie wirkt auf mich frisch, belebend, Raum gebend. Ich verbinde die Farbe Grün mit dem Esparanzo-Park in Teneriffa.«

Richten Sie Ihre Intuitionsampel ein

Nun, wo Sie in der Lage sind, Farben zu fühlen, können Sie auch das Farbenfühlen nutzen, um sich von Ihrem Unterbewusstsein Rat und Hilfe geben zu lassen. Dafür richten Sie eine geistige Intuitionsampel ein.

Intuitionsampel einrichten

- Ampel kreieren: Stellen Sie sich eine Ampel mit den drei Farben vor. Rot bedeutet: »Stopp. Ich bin auf dem falschen Weg.« Gelb bedeutet: »Vorsicht.« Grün bedeutet: »Alles bestens, Gas geben.« Sie können sich auch ergänzend vorstellen, dass es Kombinationen gibt, wie zum Beispiel Rot-Gelb: »Vorsicht, Gefahr.« Grün-Gelb: »Prinzipiell sind die Dinge in Ordnung, aber irgendetwas stimmt noch nicht.«
- Ampel eichen: Stellen Sie sich nun vor, Ihre innere Ampel steht auf Rot. Wie fühlt sich das an? Welches innere Gefühl haben Sie dabei? Wie verändert sich Ihre Gesichtsmuskulatur, Ihre Haltung, wenn Sie an dieses Rot denken? Dann stellen Sie sich vor, Ihre innere Ampel steht auf Gelb. Wieder fühlen Sie, wie das ist. Als Drittes nehmen Sie Ihre Empfindungen wahr, wenn Sie daran denken, Ihre innere Ampel steht auf Grün. Nun ist Ihre innere Ampel geeicht.
- Ampel ausprobieren: Denken Sie an eine Sache, von der Sie wissen, dass sie gut für Sie ist, beispielsweise: »Soll ich mir morgens die Zähne putzen?« Fühlen Sie, wie Ihr Unterbewusstsein mit der Farbe Grün antwortet. Dann denken Sie an eine Sache, von der Sie wissen, dass sie nicht gut

für Sie ist, beispielsweise: »Soll ich ein Marmeladenbrot mit Senf essen?« Spüren Sie, wie Ihr Unterbewusstsein mit Rot antwortet. Üben Sie so lange, bis Ihr Unterbewusstsein Ihnen direkt die Antwort gibt, ohne dass Sie nachdenken müssen. Beachten Sie dabei immer, dass Sie die Farbe in erster Linie fühlen und erst in zweiter Linie sehen sollten. Wichtig ist es bei der Intuitionsampel, die Farbe »durchkommen« zu lassen, das heißt das Ego zur Seite zu stellen und wertfrei wahrzunehmen, welche Farbe sich melden möchte.

Je öfter Sie mit Ihrer Intuitionsampel arbeiten, umso selbständiger wird diese für Sie aktiv sein. Zwei Beispiele aus meinem eigenen Leben sollen dies verdeutlichen:

Ich fuhr einmal mit dem Auto auf der Autobahn, die Straße war frei. Plötzlich blinkte meine Intuitionsampel: Rot. Ich wusste nicht, was los war, trat aber sicherheitshalber auf die Bremse. Kaum kam ich um die Kurve, sah ich, dass direkt vor mir ein Stau war. Die Intuitionsampel hatte mich davor bewahrt, einen Auffahrunfall zu begehen.

Bei einer wichtigen Vertragsverhandlung meldete sich auf einmal meine Intuitionsampel mit Gelb. Obwohl schon der Notar dabei war und im Vertrag kein offensichtlicher Fehler zu sein schien, brach ich die Verhandlung ab und bat um einen neuen Termin. Zu Hause beim Studium des Kleingedruckten konnte ich tatsächlich einen Fehler entdecken, der sich fatal für mich ausgewirkt hätte. So konnte ich den Vertrag gerade noch rechtzeitig entsprechend korrigieren.

Konzentration auf den inneren Klang

Man sagt, die Schöpfung sei aus Licht und Klang entstanden. So steht im 1. Buch Moses: »Am Anfang war das Wort, und das Wort war bei Gott.« Das Lauschen des inneren Klanges wird in Indien Shabta-Yoga oder auch Surat-Shabt-Yoga genannt. Dem inneren Klang zu lauschen ist eine wunderbare Konzentrationsmethode, die Ihnen sehr schnell helfen kann, alte mentale Schallplatten zum Schweigen zu bringen.

Allein die innere Bewegung, sich auf den inneren Klang zu konzentrieren, schafft eine Veränderung im Bewusstsein, auch dann, wenn Sie nichts hören. Dadurch, dass Sie einfach nur so tun, als würden Sie dem inneren Klang lauschen, gehen Sie mit Ihrem Bewusstsein in eine »innere Region«, die oberhalb des niederen Denkens liegt. Manche nennen diese Region auch das »Meisterzentrum«. Der bewertende Verstand stoppt seine Bewegungen.

Als Öffnung für innere Klangräume dienen seit alters her die gregorianischen Gesänge, Sie können sie zum Beispiel auf der CD »Best of Gregorianik« (Deutsche Grammophon) hören. Während die westliche Konzertmusik eine eigene Aussage hat, sind im Osten seit Jahrtausenden die Musikinstrumente darauf ausgerichtet, dem Hörenden einen Zugang zu den inneren Klangwelten zu ermöglichen, beispielsweise über die Obertonleiter. Es empfiehlt sich deshalb besonders, zur Einleitung einer Hörmeditation einmal eine Klangschale auszuprobieren. Alternativ können Sie vor Ihrer Hörübung auch summen oder Om singen. Spüren Sie dem Verlauf des Klanges in Ihrem Körper nach und finden Sie den Punkt, wo der äußere Klang den Übergang zu einem inneren Klang sucht, und verharren Sie an dieser Stelle.

Innerer Klang

Lauschen Sie äußerer Klangmusik Ihrer Wahl für einige Minuten, am besten über einen guten Kopfhörer. Singen Sie den Urlaut Om. Gehen Sie danach in die Stille. Lauschen Sie vom rechten Ohr ausgehend nach oben und konzentrieren Sie sich dabei für etwa fünf Minuten in Richtung Schädelspitze, so als würden Sie von dort einen Klang erwarten.

Der innere Klang ist meist zuerst hörbar als feines Surren, wie von Elektrodrähten oder wie ein Wellenrauschen. Er unterscheidet sich durch seine beruhigende und wohltuende Wirkung deutlich von Tinnitus, der im Gegensatz dazu ein sehr unangenehmes Pfeifen darstellt. Mit fortwährendem Üben kann sich der innere Ton wandeln in wunderschöne Orgel- oder Dudelsackklänge, große Glocken oder kleine Glöckchen. Wenn Sie Ihre Aufmerksamkeit auf den inneren Klang gerichtet halten, werden Sie erleben, dass er anfangs eher vom rechten Ohr ausgeht, später aber in die Mitte des Kopfes in den Bereich zwischen Gaumensegel und Schädelmitte zieht und Sie – und damit Ihr Bewusstsein – immer mehr nach oben zieht. Man sagt dem inneren Klang nach, dass er sogar in der Lage ist, Sie in Ebenen höherer Bewusstseinswahrnehmung zu ziehen, dass Sie mit Ihrem Bewusstsein sogar »auf den Klangwellen reisen« können.

Sie können das innere Lauschen unterstützen, indem Sie sich die Daumen in die Ohren stecken, dabei die Ellenbogen auf einem Tisch aufstützen und die Handkanten an die Stirn legen. Sie können auch Ohropax verwenden. Gerade wenn Sie viel mit der Bahn fahren, kann Ohropax eine wunderbare Hilfe sein, um – ungestört vom Lärm der Außenwelt – den inneren

Klängen zu lauschen. Mit fortwährendem Üben ist allerdings auch das Ohropax immer weniger notwendig. Sie lernen immer mehr, vom äußeren Ohr auf das innere Ohr umzuschalten. Je mehr Sie Ihre Konzentration auf das innere Hören richten, umso mehr geht der äußere Lärm an Ihnen vorbei.

Ich selbst machte einmal das Experiment, mitten auf einem lauten Marktplatz in Meditation zu gehen. Binnen Minuten wurde es still um mich, und als ich aus der Meditation zurückkam, dauerte es sogar noch einige Zeit, bis der äußere Lärm mich wieder erreichte.

Indem Sie sich darauf konzentrieren, dem »inneren Klang« zu lauschen, bleiben in der äußeren Welt Ihre Gedanken klar und von Störungen unbeeinflusst. Sie werden »hellhörig« im doppelten Sinn des Wortes.

Konzentration auf einen Duft

Wie funktioniert das Riechen? Die Sensoren unserer Nase werden stimuliert und wandeln die Stimulation in einen elektrischen Impuls, den sie an die Zentrale im Gehirn weitergeben. Diese Zentralstelle interpretiert den Stimulus nun als Duft, und das Objekt wird dadurch für Sie riechbar.

Nun können Sie in der Meditation auch »innere Gerüche« wahrnehmen. Diese Wahrnehmung geschieht ähnlich wie beim Riechen außen, allerdings entsteht der elektrische Stimulus diesmal nicht über die Nasenwurzel, sondern aus den Impulsen von inneren Welten.

Man sagt Engeln wie Heiligen nach, dass sie nach Rosen oder Weihrauch duften. So manch ein Channel oder Engelmedium behauptet, an dem Duft, der sich im Raum verbreitet, riechen zu können, um welchen Erzengel es sich beispielsweise handelt. Dieser Duft kommt nicht von äußerem Parfum, sondern aus diesen inneren Welten, auf deren Zugang Sie vor dem inneren »Dufttor« warten.

Räucherstäbchen und Räucherwerk, auch als »Rauchopfer an die Götter« bezeichnet, wurden schon im Altertum verwendet, um feinstofflichere Bewusstseinsebenen zugänglich zu machen. So räucherte man bereits beim Orakel zu Delphi, damit die Seherin, inspiriert von den Räucherstoffen, Zugang zu inneren Wahrnehmungen bekam, die man Apollo zuschrieb. Erhalten geblieben sind uns davon noch die »Planetenräucherungen«, wie wir sie in astrologischen Kreisen vorfinden. Auch der Weihrauch, der »geweihte Rauch«, wie er beispielsweise in Kirchen verwendet wird, hat die gleiche Funktion: die Atmosphäre von unguten Energien zu reinigen und höhere Ebenen zu erschließen. Aus Indien kennen wir Räucherstäbchen, die je nach Guru und Tradition anders gehalten werden.

Ohne äußerliche Unterstützung sind nur wenige Menschen in der Lage, die Düfte der inneren Welten zu riechen. Deshalb hat sich für die nachfolgende Übung die Hilfe eines Räucherstäbchens bewährt. Wenn Sie mit losem Räucherwerk wie zum Beispiel Weihrauch arbeiten und dieses regelmäßig zur Meditation einsetzen, können Sie – statt Räucherkohle – ein Teesieb aus Metall nutzen: Entzünden Sie ein kleines Teelicht und stellen es in eine Tasse oder besser noch in eine Aromalampe. Nehmen Sie einige Krümel von dem Räucherwerk und legen es in das Teesieb. Dann halten oder legen Sie das Teesieb über das brennende Teelicht, so lange es angenehm für Sie riecht.

Innere Düfte

Entzünden Sie ein Räucherstäbchen oder Räucherwerk. Nehmen Sie den aufsteigenden Geruch in allen Nuancen wahr. Folgen Sie dem Geruch. Spüren Sie nach, wo der Geruch in Ihrem Inneren entlangläuft. Spüren Sie genau die Stelle, an der Geruch und Geruchlosigkeit ineinander übergehen (zum Beispiel in der Nähe der Hypophyse). Verharren Sie an dieser Stelle und warten Sie. Warten Sie, ob als »Antwort« sich auf Ihre Duftanregung ein Duft aus einer anderen Ebene meldet. Verharren Sie in dieser Erwartung – unabhängig davon, ob Sie »innere Düfte« wahrnehmen oder nicht.

Alternativ zum Räuchern können Sie natürlich auch Aromaöle verwenden. Hier haben sich Rose und Sandelholz sehr bewährt und – so sagt man – Jasmin für Engelkontakte. Letztendlich aber soll das »innere Riechen« dem Zugang zu Ihrem eigenen (höheren) Selbst dienen.

Im Tierreich entscheidet in den meisten Fällen die Nase, ob Gefahr droht oder nicht. In der östlichen Tradition des Tantra hat der Geruch eine besondere Bedeutung. In vielen Tantra-Seminaren wird vor Begegnungsübungen der Übungspartner mit verbundenen Augen gerochen, da der Geruch sehr viel darüber aussagt, inwieweit man auf den feinstofflichen Ebenen zusammenpassen wird – unabhängig davon, ob es sich um körperliche oder feinstoffliche Gerüche handelt. Leider ist durch die synthetischen Parfums auch unsere eigentlich unbestechliche Nase immer mehr in Gefahr, korrumpiert zu werden: Ungute Körpergerüche werden übertüncht, die Nase ihrer natürlichen Instinktfähigkeit beraubt. Statistisch ist erwiesen: Menschen, die auf unverfälschten Geruch achten, leben gesünder.

Ein Vorteil, den Sie ziemlich sicher aus Ihrer Duftkonzentration gewinnen können, ist eine immer feinere Wahrnehmung dafür, wenn in der äußeren Welt »eine Sache zum Himmel stinkt«. So kann es beispielsweise sein, dass Sie in einer Geschäftsverhandlung, bei der Sie über den Tisch gezogen werden sollen, als Warnzeichen einen nicht erklärbaren, sehr unangenehmen Geruch wahrnehmen. Sie sollten auf solche Zeichen achten. Nicht umsonst sagt man, dass Menschen, die erfolgreich sind, »einen guten Riecher haben«.

Konzentration auf innere Organe – in den Körper hineinlächeln

Die Konzentration mit dem Körper zu verbinden kann gerade dann sehr hilfreich sein, wenn Ihr Geist droht, auf Wanderschaft zu gehen, oder wann immer Sie »außer sich« sind. Es ist eine Methode, die sehr gut erdet. Mantak Chia, Meister des Tao-Yoga, hat in seinen Büchern die Technik des »inneren Lächelns« in aller Ausführlichkeit beschrieben. An dieser Stelle soll nur eine Kurzform davon angeboten werden:

Inneres Lächeln

Beginnen Sie damit, dass Sie Ihre Augen schließen und sich vorstellen, Sie schauten in die Augen eines Menschen, den Sie lieben, oder eines spirituellen Meisters oder Mentors

Ihrer Wahl. Sie sollten einen »Augen-Blick« wählen, der Sie innerlich lächeln lässt. Alternativ können Sie auch die Augen auflassen und auf das Foto des geliebten Menschen, insbesondere in die Augen, schauen. Nehmen Sie dieses Lächeln, diesen wunderbaren Augenblick, mit Ihren Augen in sich auf. Lassen Sie diese lächelnde Energie durch Ihren ganzen Körper fließen. Dann konzentrieren Sie sich auf einen Körperteil oder ein Organ, das gerade besondere Aufmerksamkeit benötigt, beispielsweise weil es Ihnen wehtut. Stellen Sie sich vor, dass Sie selbst und all Ihre Liebe zusammen mit der lächelnden Energie in diese Region fließen. Spüren Sie, wie diese Region oder dieses Organ auf Ihre lächelnde Energie antwortet. Vielleicht nehmen Sie ein leichtes Pulsen oder Klopfen wahr oder ein »Morsezeichen«. Bleiben Sie mit Ihrer Aufmerksamkeit dort und erleben Sie, wie diese Region/dieses Organ Ihre liebevolle Aufmerksamkeit trinkt und dadurch heilt und in eine andere Schwingung kommt. Dann, aber erst dann, wenn Sie spüren, dass diese Region/dieses Organ geheilt ist, kommen Sie wieder zurück ins Hier und Jetzt.

Positive Energie senden – in Projekte hineinlächeln

Bevor Sie eine Arbeit beginnen oder wann immer Ihnen danach ist, schauen Sie liebevoll auf das Foto eines Menschen, den Sie lieben oder verehren, tanken das Lächeln, das dabei entsteht, und lassen es gedanklich zu Ihrem Projekt wandern oder einem Thema, das dringend positive Energie benötigt. Verbinden Sie diese Übung eventuell mit dem Atmen: Einatmen (Energie aufnehmen) – ausatmen (Energie lenken).

Sie können diese Übung übrigens auch durchführen, wenn Sie eine Schwierigkeit mit einer Beziehung haben, sei es eine Geschäfts- oder Privatbeziehung. Sie werden in vielen Fällen sofort Erleichterung und Klärung erfahren.

Konzentration in Ihre innere Mitte – Ihr »wahres Ich«

Die meisten Menschen sind »außer sich«, statt in sich zu ruhen. Wenn man einen Menschen fragt, wo seine Mitte sei, so erhält man unterschiedliche Antworten. Auch die Yogis und Lebenslehrer sind unterschiedlicher Meinung.

- Manche behaupten, die eigene Mitte sei der Bauchnabel, weil dieser Punkt von allen Körperenden etwa gleich weit entfernt ist. Darüber hinaus sei dies ja auch der Punkt, an dem wir an die Nabelschnur angeschlossen waren. Man spricht nicht umsonst auch vom »Nabel der Welt«.
- Andere fühlen im Herzzentrum die eigene Mitte. Schließlich ist das Herz der Motor des Lebens und die Quelle aller Liebe.
- Wiederum andere sehen im Stirnzentrum, im »dritten Auge«, unser eigentliches Zentrum, weil dort alle Sinneskanäle zusammenlaufen und wir von dort aus in andere Welten reisen können.

Abhängig von der Situation kann es hilfreich sein, sich im Alltag auf ein körperliches Zentrum zu konzentrieren und dort die Mitte und Stille zu finden:

- Konzentration auf den Scheitel: Indem Sie dies tun, bündeln und zentrieren Sie Ihre Energien.

- Konzentration auf das Meisterzentrum: Denken Sie sich eine gerade Linie zwischen Stirnmitte und Medulla. Denken Sie sich eine zweite gerade Linie, die die Spitzen Ihrer beiden Ohren miteinander verbindet. Finden Sie nun den Schnittpunkt zwischen beiden Linien im Kopf und ruhen Sie mit Ihrer Aufmerksamkeit dort. Die Konzentration auf diesen Punkt kann insbesondere dann hilfreich sein, wenn Sie sich über emotionale Verwirrungen erheben und klar sein wollen. Das Meisterzentrum ist auch die Region, wo sich gemäß der geheimen ägyptischen Lehren der Sexualmagie die silberne und die goldene Schlange, das höchste Prinzip von Göttin und Gott, begegnen.

- Konzentration auf das spirituelle Herz: Nehmen Sie Ihren Atem wahr. Konzentrieren Sie sich auf Ihre Brustbeinmitte. Fühlen Sie in sich hinein. Diese Übung ist insbesondere angebracht, wenn Sie die Verbundenheit mit allen Wesen erleben möchten.

- Konzentration auf den Nabel: Etwa zwei Zentimeter hinter Ihrem Nabel ist ein Kraftzentrum. Es kann auch etwas tiefer als Ihr Nabel liegen, doch das finden Sie am besten selbst heraus, indem Sie Ihrer Aufmerksamkeit erlauben, in Ihr Kraftzentrum im Nabelbereich zu gehen und zu spüren, wo Sie ankommen. Verharren Sie an diesem Punkt, werden Sie spüren, wie sich Energie aufbaut. Die Konzentration auf diesen Punkt ist insbesondere hilfreich, wenn Sie vitale Kraft benötigen. Darüber hinaus kann die Konzentration auf die eigene Mitte im Bauch und die dort vorhandene

Stille Ihnen helfen, emotionale Probleme und Projektionen aller Art zu neutralisieren.

Für den Alltag hat sich Folgendes als hilfreich erwiesen: Wenn Sie komplett abschalten wollen, konzentrieren Sie sich auf Ihren Scheitelpunkt. Dies könnte beispielsweise guttun, wenn Sie im Ruheraum einer öffentlichen Sauna liegen und Ihre Nachbarn sich laut unterhalten. Wollen Sie in sich konzentriert bleiben, aber zugleich am Leben um Sie her teilnehmen, konzentrieren Sie sich auf Ihr Herz. Dies könnte beispielsweise in einem Café sein. Wenn Sie ein psychisches Thema bearbeiten und loslassen wollen, konzentrieren Sie sich auf die Mitte in Ihrem Bauchzentrum.

Spannend ist es, sich zu fragen, wo Sie Ihre Mitte erleben, wenn Sie keine Vorgaben machen. Im Tagesbewusstsein befragt, werden Sie wahrscheinlich auf eine Region in Ihrem Körper deuten, die Sie mit Ihrer Mitte assoziieren, vielleicht eine der obigen oder auch eine ganz andere. Doch wenn Sie tiefer in die Meditation gehen und dort Ihre Mitte suchen, werden Sie erleben, dass dieser Ort unabhängig von Ihren körperlichen Energiezentren ist. Viele Meditierende geben als Erfahrung ihrer Mitte an, sich zu fühlen wie ein Punkt, der mitten im Weltall existiert, doch auch dies ist nur eine Form der Wahrnehmung.

Eine wunderbare Methode, dieser transzendentalen eigenen Mitte auf die Spur zu kommen, ist folgende: Fragen Sie sich, während Sie immer wieder das Wort »Ich« aussprechen, wo dieses Wort herkommt, aus welchem inneren Raum. Wo ist der Ort, an dem »Ich« schwingt? Wo ist »Ich«? Wiederholen Sie immer wieder das Wort »Ich«. Wenn Sie diesem »Ich« folgen wie einer Spur, werden Sie erleben, dass damit nicht das Ego mit all seinen Vorstellungen gemeint ist. Sie sind nicht der Mensch im 21. Jahrhundert, der irgendwelche Probleme hat, geschäftig ist usw. Dieses »wahre Ich« (im Gegensatz zu dem »aufgesetzten Ich«) ist nichts anderes als die wirkende höchste Intelligenz in Ihnen, die Sie auch mit Gott in Verbindung bringen können.

Wenn Sie möchten, gewöhnen Sie sich daran, wann immer Sie das Wort »Ich« aussprechen, sich daran zu erinnern, dass Sie das Göttliche in sich selbst meinen und als solches sprechen. Wann immer eine wichtige Handlung oder eine wichtige Äußerung ansteht, gehen Sie in Ihren inneren Raum und fragen Sie sich: »Was sagt mein wahres Ich dazu?« Sprechen Sie damit das Göttliche in sich an, antworten Sie möglichst sogar als dieses göttliche »Ich«. Es ist besser, Sie halten einige Augenblicke inne und antworten bewusst, als dass Sie sich in unkluge Gedanken oder Handlungen hineinziehen lassen, die Ihnen möglicherweise später leidtun. Handlungen und Worte, die aus diesem wahren Ich erfolgen, sind Handlungen jenseits von Illusionen, sie sind nicht besetzt von Angst oder Gier und haben deshalb große Wirkkraft.

Das wahre Ich

Kommen Sie Ihrem »wahren Ich« auf die Spur und verharren Sie in ihm. Sprechen Sie dafür immer wieder das Wort »Ich« aus und spüren Sie im Inneren nach, wo die Quelle dieses Wortes ist. Es ist eine Meditation, eine Bewusstwerdung, die weitaus tiefer geht, als Ihr Verstand zu denken in der Lage ist. Zugleich mit dieser Meditation wird Ihnen eine innere Bewusstwerdung geschenkt, die Sie bei fortwährendem Üben immer klarer erfahren werden.

Die Kraft der Imagination nutzen

Positive Erinnerungen nutzen

Erinnerungen sind die Rosen für den Winter«, sagte einmal eine Seminarteilnehmerin, und erst verstand ich nicht, was sie damit meinte. Im Laufe der Zeit wurde mir jedoch immer klarer, welcher Schatz hinter dieser Aussage verborgen lag.

Zwar fordert Sie das Leben auf, jeden Augenblick im Hier und Jetzt zu sein, dennoch hat die Vergangenheit einen Wert für Sie. In Ihrer Vergangenheit gab es nämlich schöne Momente, die Sie im Jetzt in eine positive Stimmung bringen können, die Ihnen helfen, das Jetzt zu bewältigen und zu genießen. Da wir ohnehin beeinflusst sind von alten Bildern und Erinnerungen, dann sollten wir diese doch zu unserem Vorteil gebrauchen. Wir nutzen also die Fähigkeit unseres Geistes, jenseits aller Zeit zu sein, indem wir uns an etwas erinnern, das uns im Jetzt dienlich ist. Es geht hierbei nicht darum, wieder so unerfahren wie damals zu werden. Vielleicht waren Sie damals weniger liebevoll als heute, aber Sie hatten mehr Mut, Sie waren vielleicht rücksichtsloser, aber erfolgreicher.

Es geht bei der »Kraft der Erinnerung« darum, aus dem, was in der Vergangenheit gut war, zu tanken, dieses Wertvolle herauszuschälen und im Jetzt zu nutzen, ohne die eventuellen negativen Qualitäten mitnehmen zu müssen.

- Wenn Sie Frieden brauchen, denken Sie doch an eine Zeit zurück, an der Sie im Einklang mit sich und Ihrer Umgebung waren. Spüren Sie die Essenz dieses Friedens und tragen Sie sie dann in Ihren gegenwärtigen Augenblick hinein.

- Wenn Sie ein schwieriges Problem überwinden müssen, denken Sie an ein Erlebnis, bei dem Sie etwas Unangenehmes überwinden konnten.

- Wenn Sie vor einer schwierigen Konfrontation stehen, denken Sie daran zurück, wie Sie früher einmal einer ähnlichen Konfrontation erfolgreich standgehalten haben.

- In depressiven Stunden fertigen Sie eine Liste mit den zehn schönsten Augenblicken Ihres Lebens an und baden sich in den Erinnerungen. Kleben Sie dabei jedoch nicht an den Einzelbildern, sondern kommen Sie der positiven Essenz auf die Spur.

- Auf dem Sterbebett sollte sich der Sterbende an den erhabensten Moment seines Lebens erinnern, einen Augenblick größter Gläubigkeit oder tiefer spiritueller Erfahrung. Der letzte Gedanke beim Tod bestimmt die nächste Inkarnation der Seele sehr stark mit (die Energie folgt auch hier der Aufmerksamkeit). Daher ist es hilfreich, statt sich über die Tatsache des Lebensendes zu ärgern, sich an eine Erfahrung zu erinnern, die ein tiefes Gefühl von Frieden, Dankbarkeit und den Glauben an eine höhere Macht hinterlässt.

Realität ist nicht nur einfach da. Sie ist so, wie Sie sie wahrnehmen. Die Kraft der Erinnerung kann Ihnen helfen, Realität zu prägen und zu formen. Ein plastisches Beispiel dafür ist vielleicht der Film »Das Leben ist schön«, die Geschichte von einem Juden im Konzentrationslager, der mit Hilfe der Phantasie für sich und seinen Sohn das Leben dort erträglich gestaltete.

Die Qualitäten aus der Vergangenheit nutzen

Welche Qualität brauchen Sie derzeit am meisten? Ist es Liebe, Gelassenheit, Weitblick, Frohsinn, Ruhen in der eigenen Mitte? Erinnern Sie sich an eine Zeit, in der Sie erfolgreich genau jene Qualität verkörpern konnten, also in der Liebe oder im Weitblick waren. Tanken Sie geistig die Essenz dieser Qualität und lenken Sie sie dann auf die Herausforderungen, die im Jetzt auf Sie warten. Dabei gehen Sie ebenso vor wie beim Umlenken der Aufmerksamkeit. Nehmen Sie wahr, wie sich Ihr Befinden positiv verändert.

Glückliche Augenblicke

Erstellen Sie eine Liste: »Zehn Augenblicke geglückten Lebens!« Notieren Sie genau die Augenblicke, in denen Ihnen etwas gelungen ist. Erinnern Sie sich dieser Augenblicke und fragen Sie sich dabei, *warum* Ihnen da etwas gelungen ist. Kommen Sie also hierbei Ihrem inneren Erfolgsmechanismus auf die Spur. Denn dieser ist bei jedem Menschen etwas anders. Wann immer es Ihnen hilfreich erscheint, ziehen Sie die Liste hervor und tanken von ihr.

Das Geheimnis der Imagination

Wenn Sie das Gesetz der Imagination kennen und beherrschen, haben Sie einen wichtigen Schlüssel in der Tasche. In meinem Buch »Die geistigen Gesetze« habe ich diesen schon einmal genau beschrieben. »Jeder Mensch besitzt die Fähigkeit zur bildhaften Vorstellung. Ein Kind kann gar nicht anders, als das Gehörte oder Gelesene bildhaft vor sich zu sehen. Auch jeder gute Architekt wird zuerst das fertige Haus vor seinem geistigen Auge sehen, bevor er den ersten Strich zu Papier bringt. Manche haben diese Fähigkeit einschlafen lassen, weil sie sie nur noch im Traum benutzen. Man kann sie jedoch wiedererwecken. Das Bild ist die Sprache des Unterbewusstseins und der Seele. Der erwünschte Endzustand sollte bildhaft, detailliert ausgearbeitet und in natürlichen Farben und der natürlichen Umgebung vorgestellt werden. Die inneren Bilder bestimmen den größten Teil unseres Lebens. Immer wenn wir nicht bewusst ein bestimmtes Bild oder eine bestimmte Vorstellung in unser Bewusstsein nehmen, greift das Unterbewusstsein auf den inneren Bilderspeicher zurück und verwirklicht diese Bilder. Daher sollten wir uns ein klares Bild des erwünschten Endzustandes in allen Bereichen unseres Lebens erschaffen, diese Bilder immer wieder ins Bewusstsein nehmen und dort möglichst lange und lebendig festhalten.« Dazu brauchen wir Einbildungskraft und Vorstellungskraft. Als Hilfsmittel für die Vorstellung empfehle ich die Leinwandtechnik: Stellen Sie sich eine leere Leinwand vor und lassen Sie auf ihr das Bild oder den Film des erwünschten Endzustandes entstehen. Wenn Sie ein solches Bild vor Ihrem geistigen Auge sehen und einige Minuten festhalten, hat es sich bereits auf der geistigen Ebene verwirklicht. Ist das Bild geschaffen und mit ausreichend Energie verbunden, dann muss es noch verinnerlicht werden. Sie nehmen es in Besitz, indem Sie sich damit identifizieren, indem Sie spüren, wie Sie sich dann fühlen, und sehen, wie Sie sich dann verhalten.

Wir unterscheiden hierbei drei Arten von Bildern:

- Aktive Bilder bestimmen derzeit Ihr Leben, bewusst oder unbewusst.
- Latente Bilder ruhen ständig in Ihnen, bis sie durch eine spezielle Situation aktiviert werden.
- Nicht angelegte erwünschte Bilder sind Bilder, die hilfreich und sinnvoll wären, aber nicht vorhanden sind.
- Die zuletzt genannten Bilder sollten Sie schaffen, damit Sie ein erfülltes Leben gestalten können. Bei den aktiven und latenten Bildern ist zu prüfen, ob sie noch erwünscht sind oder aufgelöst gehören.

Innere Bilder

Denken Sie einmal über Ihr Leben nach und fragen Sie sich:

a) Welche Gedanken, inneren Bilder, Empfindungen steigen immer wieder in Ihnen auf? Soweit es sich hier um Unerfreuliches handelt, sollten Sie diese bewusst wertfrei wahrnehmen, in Ihre Mitte gehen und erleben, wie sie sich durch Ihre reine Beobachtung von selbst auflösen.

b) Gibt es Situationen in Ihrem Leben, in denen Empfindungen, Gefühle, Gedanken in Ihnen aufsteigen, die Sie dann verdrängen? Machen Sie sich hier insbesondere die positiven Gefühle und Gedanken bewusst und überlegen Sie, welches Bild dieses positive Latente am besten verkörpert. Malen Sie dieses Bild beziehungsweise versuchen Sie es als Foto zu bekommen. Stellen Sie sich dieses Bild auf den Schreibtisch oder speichern Sie es auf Ihrem Computer, um es immer wieder anschauen zu können.

c) Welche Gedanken, Empfindungen, Gefühle würden Ihnen guttun, wenn Sie sie hätten? In welchem Bild würden sich diese am besten ausdrücken? Verfahren Sie mit diesem Bild ebenso, malen Sie es oder versuchen Sie es als Foto zu bekommen, um es sich immer wieder bewusst zu machen.

Fragen Sie sich auch im Alltag immer wieder: Welche Bilder sind in mir derzeit aktiv, latent und welche erwünscht? Sind bei mir die richtigen Bilder aktiv?

Die erwünschten Bilder sollten Sie nicht starr fixieren, sondern in Ihrem Herzen leben lassen und täglich neu mit Liebe und Dankbarkeit erfüllen. Natürlich kann ein Bild nicht die wahre Erfahrung ersetzen, aber es kann eine »Erinnerung an die Zukunft« sein, ein Tor, durch das Sie gehen können.

Mentales Vorerleben – Carpe Diem

Wann immer ein wichtiger Termin ansteht, sei es eine Verhandlung, ein Turnier, eine lang ersehnte Begegnung, sollten Sie den Verlauf mental vorauserleben. Wenn es Ihnen gelingt, in die Stille zu gehen und in reiner Absichtslosigkeit die Bilder von selbst in Ihrem Bewusstsein entstehen zu lassen, die mit dem Thema zusammenhängen, werden Sie schnell erfühlen, ob bezüglich Ihres Vorhabens alles zum Besten steht.

Unabhängig davon, ob Sie für Ihr Vorhaben günstige oder ungünstige Energien wahrnehmen, sollten Sie sich auf *jeden* wichtigen Termin, der vor Ihnen liegt, durch mentales Training vorbereiten. Es genügt nicht, alle Fakten beisammen-zuhaben und gedanklich vorbereitet zu sein. Sie sollten sich gedanklich schon beim entsprechenden Termin sehen und erleben, wie Sie optimal agieren. Ich nenne dies: »Erst gewin-nen, dann beginnen!« Ob es sich um ein Seminar handelt, das Sie halten, oder eine geschäftliche Konferenz, imaginieren Sie diese so lange, bis Sie spüren, dass die Energien harmonisch und erfolgversprechend sind. Fragen Sie sich beispielsweise bei einer anstehenden Verhandlung:

- Was gibt es zu besprechen?
- Welchen Verhandlungserfolg strebe ich an?
- Welche Herausforderung kommt auf mich zu?
- Welche Eigenschaft benötige ich, um die Verhandlung op-timal zu führen?

Sehen Sie sich immer wieder optimal agieren. Seien Sie dabei Ihr eigener Filmregisseur, der denselben Film immer wieder betrachtet und so lange im Ablauf verändert, bis er spürt, dass er stimmig ist. Hierbei geht es nicht darum, den anderen mental zu vergewaltigen: Beachten Sie bei Ihrer geistigen Verhandlung auch die Interessen des anderen mit und treffen Sie nur da konkrete Vorgaben, wo es für Sie entscheidend und glaubwürdig ist. Entscheidend sind vor allem der gute Ver-lauf und das gute Ergebnis, wie immer dieses auch aussehen mag. Lassen Sie dem Leben gedanklich Spielraum, in dem es agieren kann, dadurch bringen Sie innere Ausrichtung und zugleich geistige Beweglichkeit in Ihre Termine.

Was Sie natürlich auf *jeden* Fall tun sollten, ist, jeden Tag mental vorzuerleben. Ich empfehle Ihnen, morgens, wenn Sie aufwachen, sich sofort im Bett hinzusetzen und mit Ihrer »Tagesvorausschau« zu beginnen. Sollte die Gefahr bestehen, dass Sie wieder einschlafen, stehen Sie stattdessen auf und begeben sich auf Ihren Meditationsplatz. Wenn Sie in einer festen Beziehung leben und Sie und Ihr Partner das gemeinsame Aufstehen schätzen, könnte das Hinsetzen im Bett, während Ihr Partner noch schläft, die bessere Variante sein. Zähneputzen und grüner Tee unterstützen müde Geister darin, auch im Bett sitzend schon klar zu sein.

Als Erstes machen Sie sich bewusst, wer Sie sind. Und als dieses »Ich bin« schauen Sie sich an, welche Tagesaufgaben vor Ihnen liegen. Damit meine ich nicht nur die anstehenden Termine und Besorgungen, sondern auch die Tagesziele, die Sie sich selbst setzen. Sehen Sie sich den Tag optimal gestalten. Wenn Sie den Faden verlieren oder an eine Tageszeit kommen, in der Schwierigkeiten bestehen, halten Sie inne und konzentrieren sich erneut. »Lesen« Sie die Energien des Tages so gut Sie können und bitten Sie Ihr Unterbewusstsein, Ihnen dabei zu helfen. Fragen Sie sich:

- Welche Herausforderung gilt es zu meistern?
- Wie will ich mich durch den Tag navigieren?
- Was will ich am Ende des Tages erreicht haben?

Sehen Sie, wie Sie sich abends wieder ins Bett legen, voller Freude und Dankbarkeit. Sie haben nun den Rahmen für einen erfolgreichen Tagesverlauf gesetzt, in den Sie mühelos auch die Unwägbarkeiten des Lebens einbauen können.

Affirmation für den Tag

Wenn Sie am Morgen Ihren Tag vorbereiten, können Sie folgende Affirmation nutzen, wobei es wichtig ist, jeden einzelnen Gedanken innerlich zu vollziehen.

»Ich erkenne, dass ich diesen Tag nicht mit den Scherben von gestern beginnen will. Ich öffne mich ganz den Möglichkeiten, die mir dieser Tag bietet, und bin bereit, mein Bestes zu geben. Ich frage mich jeden Morgen: Was kann ich heute erreichen? Wie erreiche ich es am besten? Was will ich auf jeden Fall vermeiden? Wie will ich mich verhalten? Welche Situation oder Begegnung habe ich heute zu erwarten? Ich danke und segne das wahre Gute, das ich schon habe, und gehe froh und leicht durch den Tag.«

Mentales Umerleben – Psychohygiene

Wenn wir wissen, dass jeder Gedanke, jedes Wort, jede Tat unmittelbare Auswirkungen auf unser Leben haben, dann entwickeln wir mit fortschreitender seelischer Entwicklung ein immer stärkeres Feingefühl für eigene Unstimmigkeiten. Wir spüren dann nach einem Erlebnis, spätestens am Ende des Tages, dass da etwas noch nicht ganz so ideal war. Nun ist das nicht schlimm, es ist noch kein Meister vom Himmel gefallen. Doch das eigene unstimmige Verhalten hinterlässt einen Eindruck der Unstimmigkeit im Unterbewusstsein – und beschert Ihnen womöglich sogar eine schlaflose Nacht. Um das zu vermeiden, sollten Sie spätestens beim Zubettgehen, wenn möglich besser unmittelbar nach dem unstimmigen Erlebnis, das Erfahrene geistig umerleben.

Für das mentale Umerleben im Rahmen der »Tagesrückschau« eignet sich entweder das Bett, in dem Sie sich kurz vor dem Einschlafen hinsetzen, oder auch ein spezieller Platz, den Sie sich dafür aussuchen. Lassen Sie den Tag noch einmal vom Aufstehen bis zum Abend vor Ihrem geistigen Auge ablaufen, wie einen Spielfilm. Wann immer Sie eine Unstimmigkeit wahrnehmen, halten Sie den Film an und erleben die Situation um, bis Sie gedanklich wieder am Abend angekommen sind. Verfahren Sie in jeder einzelnen unstimmigen Situation wie folgt:

1. Machen Sie sich noch einmal bewusst, was geschehen ist und wie Sie reagiert haben: Nehmen Sie noch einmal alle unguten Gefühle wahr, die mit dem Erlebnis zusammenhängen, zum Beispiel Wut, Frust, Ärger, Enttäuschung, Ohnmacht etc. und lösen Sie diese mit Hilfe einer der in diesem Buch gelernten Techniken auf. Dies ist wichtig, da Ihnen die »richtige« Lösung erst dann einfallen wird, wenn Sie frei von Schmerz und »Betroffenheitsreaktionen« sind.

2. Fragen Sie sich, ob Sie in der Situation als wahres Ich gehandelt haben: Erinnern Sie sich daran, wer Sie wirklich sind. Wie würde ein Meister/Ihr wahres Ich in der Situation reagieren? Was sagt Ihr wahres Ich zu der Situation? Lassen Sie sich ruhig genug Zeit, damit Ihre Intuition Ihnen die Antworten zeigen kann. Gehen Sie dafür tief in die Stille. Falls Ihnen keine geeignete Handlungsweise einfällt, bitten Sie Ihr höheres Selbst um Hilfe.

3. Sehen Sie sich in der Situation angemessen handeln: Hier-

für reicht es nicht aus, sich das stimmige Verhalten vorzustellen, Sie sollten es auch *umfühlen*, also fühlen, wie
Sie richtig handeln.

So wird das richtige Verhalten Tag für Tag in Ihr Unterbewusstsein einprogrammiert.

Als Mental-Profi sollten Sie mit fortschreitender Entwicklung
Gedanken, Worte, Einstellungen oder Handlungen bereits
während sie sich formulieren umerleben, spätestens aber unmittelbar danach. Dies bezieht insbesondere auch Gedanken
ein, die Sie für sich selbst denken, beispielsweise, während Sie
spazieren gehen oder Auto fahren.

Übrigens: Sie können das mentale Umerleben auch für Ereignisse durchführen, die schon lange zurückliegen. Es ist nie zu
spät für eine gute Vergangenheit.

Die Aufmerksamkeit auf eine
mögliche Lösung richten

Sie wissen bereits, dass die Energie der Aufmerksamkeit folgt.
Wir wollen dies nun in verstärkter Form nutzen, um Erwünschtes und Stimmiges zu manifestieren und Unerwünschtes aufzulösen.

Die Aufmerksamkeit schafft die Lösung

Nehmen Sie eine Schwierigkeit in Ihr Bewusstsein und richten Sie Ihre Aufmerksamkeit dann sofort auf die Lösung. Lassen Sie es nur einige Sekunden beim Problem, um es zu erfassen, und halten Sie es dann auf eine mögliche Lösung gerichtet. Es kann sein, dass Ihnen die optimale Lösung nicht sofort einfällt. Doch Sie ziehen sie magnetisch an, indem Sie ihr Aufmerksamkeit schenken. Die Aufmerksamkeit erschafft das, worauf sie gerichtet wird, denn Ihre Schöpferkraft fließt dahin, worauf Sie Ihre Aufmerksamkeit richten. Das heißt, Ihre gerichtete Aufmerksamkeit erschafft die Lösung. Sie braucht Ihnen nicht einmal ins Bewusstsein zu kommen, aber sie wird erschaffen.

Ich nenne dieses Bewusstsein auch das »Wo ist er denn«-Bewusstsein. Es gibt eine nette Geschichte dazu: Ein junger Kerl kam zur Musterung. Als er gefragt wurde, wie er heiße, antwortete er nur mit: »Ja, wo ist er denn?« Daraufhin wurde er zum Amtsarzt geschickt. Als dieser ihn fragte, wie es ihm gesundheitlich ginge, antwortete er wieder mit: »Ja, wo ist er denn?« Was immer er im Laufe der Musterung gefragt wurde, stets sagte er lediglich: »Ja, wo ist er denn?« Daraufhin sagte der musternde Soldat: »Leute wie Sie können wir hier nicht brauchen! Hier ist Ihr Entlassungsschein.« Daraufhin sagte der junge Mann: »Ja, da ist er ja!« Das meine ich mit »Wo ist er denn«-Bewusstsein. Wann immer Sie Ihr Bewusstsein auf eine mögliche Lösung richten und gerichtet halten, was immer geschieht, muss sie sich irgendwo zeigen.

Es gibt eine andere Geschichte, die mir ein Klient erzählte:

Dieser war Bankdirektor und Junggeselle und wohnte während einer Geschäftsreise vorübergehend im zwielichtigen »Grace-Hotel« in Bangkok, das für seine leichten Mädchen an der Bar bekannt war. Als der Klient einen Geschäftstermin bei der Bank of Thailand hatte, wurde er vom regionalen Bankdirektor gefragt, wo er denn wohnen würde. Mit einem verlegenen Lächeln antwortete er: »Grace Hotel«. Der Thailänder fragte ungläubig: »Welches Hotel? Das kenne ich nicht.« Nachdem unserem Mann dreimal hintereinander dieselbe Frage gestellt wurde, antwortete er mit: »Windsor Hotel«. Daraufhin nickte der Thailänder und sagte, er würde dieses Hotel gut kennen. Für den Thailänder war es nicht Realität, dass einer seiner Geschäftspartner in einem zwielichtigen Hotel wohnt. Und genauso wie dieser können auch Sie in Ihrem Leben Ihre Aufmerksamkeit auf das richten, was Sie erleben wollen, und nicht auf das, was Ihnen vor die Füße geworfen wird.

Wenn Sie Ihre Aufmerksamkeit auf eine bestimmte Lösung richten, wird sich diese verwirklichen, ganz gleich, ob es auch die richtige ist. Besser ist es daher, sich keine Vorstellungen zu machen und stattdessen die Aufmerksamkeit auf eine »stimmige« Lösung zu richten, damit sich das Stimmige in Ihrem Leben verwirklicht. Sie brauchen sich also nicht einmal einen bestimmten Zielzustand vorzustellen, sondern Ihre Aufmerksamkeit nur auf mögliche Lösungen zu richten. Im selben Moment beginnt sich bereits das Bessere zu verwirklichen. Stellen Sie sich die schöpferische Urkraft als Projektor vor, der erwünschte und stimmige Endzustand ist das Dia (das Sie nicht kennen müssen), und die Welt ist die Leinwand, auf der das Bild in Erscheinung tritt.

Nehmen Sie nach und nach alle Aspekte Ihres Lebens, die nicht optimal sind, ziehen Sie Ihre Aufmerksamkeit ganz bewusst davon ab und richten Sie sie auf einen erwünschten

Endzustand. So werden nach und nach alle Bereiche Ihres Lebens stimmiger. Probleme und Schwierigkeiten verschwinden immer mehr, weil sie umgewandelt werden. Sie leben mehr und mehr im Einklang mit sich und der Schöpfung.

Indem Sie die Richtung Ihrer Aufmerksamkeit ändern, ändert sich Ihr ganzes Leben, denn damit ändert sich auch die Richtung der Aufmerksamkeit Ihres Unterbewusstseins und Ihrer Schöpfungskraft. Sie richtet sich nun auf stimmige Umstände, Verhaltensweisen und Situationen, aber auch auf erwünschte »Zufälle« und Begegnungen. Das bewusste Abziehen Ihrer Aufmerksamkeit von Problemen und Schwierigkeiten und Richten auf Lösungen und das, was sein soll, ist ein entscheidendes Werkzeug zur bewussten Gestaltung des eigenen Lebens. Sie machen Gebrauch vom Ihrem »Zauberstab Aufmerksamkeit«. Um absolut zuverlässige Ergebnisse zu erschaffen, sollten Sie sich aber nicht nur ein bis zwei Minuten, sondern ein bis zwei Stunden lang auf die Lösung konzentrieren.

Ziele gestalten und verwirklichen

Warum ist es so wichtig, Ziele zu haben?

Nicht umsonst sagt man: »Wer heute den Kopf in den Sand steckt, knirscht morgen mit den Zähnen!« Langfristige Ziele im Dienste der eigenen Lebensaufgabe bringen das Bewusstsein mit dem in Ausrichtung, was sich durch uns verwirklichen soll. Sie geben uns die Energie, auch in schwierigen Situationen nicht den Kopf in den Sand zu stecken, sondern weiter auf dem Weg zu bleiben.

Viele Menschen haben Angst, sich Ziele zu setzen, weil sie befürchten, sich dadurch festzulegen. Durch Ziele sagen sie ganz konkret nein zu anderen Dingen. Wer sich beispielsweise vorgenommen hat, beim regionalen Stadtlauf teilzunehmen, und dafür trainiert, der verzichtet dafür möglicherweise auf eine halbe Stunde morgendlichen Schlummer, und dies Tag für Tag. Doch rückblickend betrachtet wird er eines Tages dankbar sein, weil sich seine Kondition so sehr verbessert hat.

Eine weitere Befürchtung bei der Zielsetzung liegt in der Angst vor dem Versagen. Wer sich Ziele setzt, der wird messbar, er muss vor sich selbst – und anderen – Rechenschaft ablegen. Er wird sich möglicherweise am Ende des Tages fragen müssen, ob er sein Bestmögliches gegeben hat, um seinem Ziel näher zu kommen – oder ob er dieses verschlafen hat. Erst wenn wir also bereit sind, eine spielerische Haltung zu Erfolg oder Versagen zu gewinnen, können wir uns Ziele stecken, ohne an ihrer Erfüllung oder Nichterfüllung zu zerbrechen.

Dann gibt es die Befürchtung, durch die Zielausrichtung würde ich mich von mir selbst entfernen. Das Gegenteil ist der Fall: Eine stimmige innere Ausrichtung hilft Ihnen, Ihr Selbst bewusst hervorzubringen.

Es gibt Menschen, die sich ausschließlich auf die Aufarbeitung der Vergangenheit konzentrieren und dabei völlig vergessen, dass ja auch die Gegenwart eines Tages Vergangenheit sein wird. Besser, als dann diese wiederum aufarbeiten zu müssen, wäre es, zusätzlich dafür zu sorgen, dass Sie die Gegenwart so gut nutzen, wie es Ihnen möglich ist, und dadurch so wenig ungeklärte Vergangenheit wie möglich hinterlassen.

Wenn Sie mit einem Auto von Hamburg nach Berlin fahren, dann werden Sie nicht so dumm sein, sich ausschließlich auf den Rückspiegel zu konzentrieren, auf das, was hinter Ihnen liegt. Sie werden Ihren Rückspiegel immer wieder nutzen, um zu schauen, ob etwas von hinten (aus der Vergangenheit) auf Sie zukommt, aber Ihr Blick wird sich vor allem nach vorn richten, dorthin, wo Sie hinwollen. Und inmitten von Rückblick und Vorausblick werden Sie im Jetzt Ihr Auto optimal steuern.

Indem Sie sich Ziele setzen, bündeln Sie Ihre Energien (der Gedankenlaser) und geben sich selbst einen positiven Drive. Inmitten Ihrer Zielausrichtung gilt es jedoch, stets im Jetzt zu sein, in der Mitte zu ruhen, so wie unser Autofahrer, der sehr wohl durch die Windschutzscheibe sieht, was vor ihm liegt, aber mit den Gedanken ganz bewusst im Hier und Jetzt ist und »tut, was er tut«. Es geht also nicht darum, Ziele zu »erjagen«, sondern sich von dem Ziel ziehen zu lassen.

Die »Wunderfrage«

Die Wunderfrage ist ein hervorragender Kniff, um Ihren Zielen auf die Spur zu kommen. Die Idee der Wunderfrage stammt von dem genialen Psychologen deShazer (»Wege erfolgreicher Kurzzeittherapie«). DeShazer hatte damit zu kämpfen, dass immer wieder Klienten zu ihm kamen, die genau wussten, was sie *nicht* wollten, aber keine Ahnung über ihre eigentlichen Lebensziele hatten. Daraufhin beschloss er, sie Folgendes zu fragen:

»Stellen Sie sich vor, eines Nachts geschieht ein Wunder, und Ihre ganzen Probleme wären gelöst.

- Woran würden Sie merken, dass Ihre Probleme gelöst wären?
- Was hat sich für Sie dadurch geändert?
- Was wäre letztendlich das Wunder, das geschehen ist?«

Ein Klient antwortete auf die Wunderfrage Folgendes: »Es fällt mir schwer, dies zu glauben, aber ich würde mich wieder wohl in meinem Körper fühlen. Der Alterungsprozess in meinem Körper und seine Degenerationserscheinungen sind aufgehoben. Meine Knie sind wieder frei und elastisch, so dass ich wieder unbeschwert joggen kann. Ich spüre wieder Kraft in meinem Körper und fühle meinen Spirit. Ich fühle Kraft in meinem Bauch. Ich fühle wieder meine Autorität in mir selbst. Ich bin in meiner eigenen Kraft. Ich lebe meine Fitness, Vitalität und Gesundheit in meinem Körper, den ich als Tempel Gottes liebe und ehre. Ich ernähre mich gesund von Obst und gesundem Gemüse, frischen Säften und Salaten. Ich mache die Dynamische Meditation. Ich bin mit Himmel und Erde verbunden. Ich bin in meiner Kraft und räume auf. Durch Disziplin und Fleiß gelingt es mir leicht, meinen Verpflichtungen nachzukommen.«

Die »Wunderfrage« brachte hier ein überraschendes Ergebnis, da der Klient eigentlich wegen finanzieller Schwierigkeiten gekommen war und große spirituelle Ambitionen hatte. Sie zeigte, dass vor der Lösung der finanziellen Schwierigkeiten erst einmal die gesundheitlichen Themen anzugehen waren, da diese offenbar allem anderen vorgelagert waren. Interessant war auch die hohe Bedeutung der Gelenke. Der Klient war früher ein begeisterter Jogger gewesen und durch seine Gelenkprobleme verlor er die Lust am morgendlichen Laufen, was seine Sauerstoffaufnahme beeinträchtigte. Ich riet ihm deshalb zu folgender erster Zielformulierung: »Ich bin in tiefem Kontakt mit meiner Vitalität und dafür bin ich dankbar.«

Echte von falschen Zielen unterscheiden

Falsche, aufgesetzte Ziele kommen aus unzutreffenden Konditionierungen, die uns gar nicht entsprechen. Sie passen
weder zum Zeitgeist noch zu unserer Gesamtentwicklung und
unserem Umfeld.

Es ist, als wenn wir mit dem Kopf gegen die Wand rennen
würden oder, um es mit einem anderen Bild zu sagen, einen Elefanten durch ein Nadelöhr zwingen wollen. Es gibt
eine Reihe von weiteren Hilfen, echte von falschen Zielen zu
unterscheiden:

- Eine Möglichkeit ist es, sich vorzustellen, das Ziel sei ein
  Marathonläufer. Betrachten Sie in Gedanken den Läufer
  auf seinem Weg. Erkennen Sie, wie er aussieht und ob er
  auf halbem Weg schlappmacht oder sein Ziel erreicht.
- Eine weitere Möglichkeit liegt in dem Grad der Freude
  beim mentalen Vorauserleben (siehe »Eine Zukunft geistig

anprobieren«) der Zielerreichung. Hier müssen wir fein unterscheiden zwischen dem Strohfeuer der falschen Begeisterung, die aus dem Ego kommt, und der Steinkohlenglut der wahren Begeisterung, die vom Selbst kommt. Wahre Ziele hinterlassen beim mentalen Vorauserleben einen hohen Grad an anhaltender Freude und Dankbarkeit.

Fragen, um wahre von falschen Zielen zu unterscheiden, sind:

- Entspricht mir das Ziel, oder muss ich dafür mich oder andere vergewaltigen?
- Ist das Ziel, das ich mir stecke, wirklich gut für mich?
- Schade ich durch dieses Ziel auch keinem anderen Menschen?
- Passt das Ziel zu meinen Werten, meinem Leben, allen Aspekten meiner Person?
- Ist das Ziel »ökologisch verträglich«? Passt es also zu dem Umfeld, in das ich eingebettet bin?
- Ist das Ziel meiner Entwicklung dienlich?

Generelle Fragen, die der Zielausrichtung dienen, sind:

- Was will das Leben durch mich (diesem Lebensabschnitt) verwirklichen?
- Worin liegt die eigentliche Aufgabe meines Lebens(abschnitts)?
- Wofür will ich am Ende des Lebens rückblickend sagen, dass es sich gelohnt hat zu leben?
- Wofür lohnt es sich, morgens aufzustehen und Energie einzusetzen?
- Was ist mein höchster Wert, den ich in diesem Leben verwirklichen will/soll?
- Was bewegt mich, lässt mich träumen, motiviert mich?

Eine Zukunft »geistig anprobieren«

Wenn Sie sich neue Schuhe kaufen, dann probieren Sie diese in der Regel vorher an, bevor Sie sich entscheiden. Und genauso sollten Sie es auch mit Ihrer Zukunft tun. Bevor Sie sich also aufmachen, Energie auf ein x-beliebiges Ziel zu richten, stellen Sie sich vor, Sie hätten das Ziel schon erreicht, und fragen sich aus diesem Blickpunkt heraus: »Fühlt sich diese Zukunft stimmig an?« Wenn nicht, probieren Sie so viele »Zukünfte« aus, bis Sie die Version der Zukunft erlebt haben, die zu Ihnen passt.

Ein Klient stand am Scheideweg. Er wusste nicht, ob er in Zukunft Manager in der Wirtschaft, Seminarleiter, Einzelberater mit vielen Klienten oder Eremit werden solle. Ich bat ihn, sich zuerst vorzustellen, er würde Manager in einem Großunternehmen sein. Der Klient erlebte, dass er entsprechende Anzüge tragen, in einem Büro arbeiten würde usw. Er erlebte dieses Gefühl als sehr unbefriedigend, so als wenn er dort

»gelebt würde«, statt selbst zu leben. Auch eine Tätigkeit als Seminarleiter im klassischen Sinn erschien ihm unpassend, da es ihm nicht als seine Aufgabe erschien, die Teilnehmer »irgendwohin« zu bringen. Eine Tätigkeit als Einzelberater erschien ihm möglich, aber energieaufwendig – Aufwand und Ertrag schienen in keinem guten Verhältnis zueinander zu stehen. In seinem Leben als Eremit kam er sich zu abgehoben vor. Nachdem sich keine der Zukunftsideen als stimmig erwies, bekamen wir die Idee, dass er Berater für wenige, ganz besondere Menschen sein könnte und diese seelisch und psychologisch betreuen würde. Ich hieß den Klienten in diese Rolle hineinschlüpfen, und ein Gefühl von Freude und Dankbarkeit durchströmte ihn. Nach der Sitzung sagte er, dass es schon immer seine Ursehnsucht sei, in einem Netzwerk von Menschen geborgen zu sein, die einander tragen und doch genug Raum zum Atmen lassen. Indem er selbst sich zum Bestandteil eines solchen Netzwerkes machte, erlebte er das Wunder des Tragens und Getragenwerdens.

Entscheidungen treffen

Was sind Bereiche in Ihrem Leben, in denen Sie eine Entscheidung treffen sollten? Es könnte sich um Ihren nächsten Urlaubsort handeln oder auch eine berufliche Entscheidung, eine geplante Investition oder einen Seminar- oder Kundenbesuch. Schreiben Sie sich die entscheidungsträchtigen Punkte auf. Und dann suchen Sie sich eine Entscheidung heraus, die Ihnen besonders wichtig ist, beispielsweise die Frage:

Soll ich über Ostern auf ein Fortbildungsseminar gehen oder Kunden akquirieren? Stellen Sie sich in Ihrer Phantasie zuerst einmal vor, Sie würden sich für das Seminar entscheiden. Welche Gedanken, Gefühle und Empfindungen fliegen Sie an, und welche Bilder sehen Sie, wenn Sie sich vorstellen, Sie würden später auf dieses Ereignis zurückschauen? Vielleicht kommt Ihnen der Gedanke: »Es muss nicht unbedingt sein, keine großen Veränderungen.« Okay, dann halten Sie das fest und gehen gedanklich in die Alternative. Was sehen Sie, wenn Sie sich vorstellen, Sie würden in einer späteren Zukunft zurückdenken und erleben, Sie hätten sich für die Alternative »Geschäftstermin« entschieden? Vielleicht erleben Sie Genugtuung darüber, dass Sie Ihr Bestes gegeben haben. Dann wäre die zweite Alternative die bessere.

Ziele richtig formulieren

Ihre Zielformulierungen sollten sich an folgenden Maßstäben orientieren:

- *Bildhaft:* Das Ziel sollte als Bild vorstellbar sein.
- *Präsens:* Nicht »Ich möchte einmal reich sein«, sondern: »Ich lebe in finanziellem Wohlstand« – ansonsten werden Sie die Erfüllung immer vor sich herschieben.
- *Vollständig:* Nicht »Ich lebe in Beziehung«, sondern: »Ich lebe in einer wundervollen Beziehung mit der für mich richtigen Frau.«

- *Unmissverständlich:* Nicht »Ich habe kein Problem mit der Führerscheinprüfung«, sonst könnte es sein, dass Sie krank werden und deshalb kein Problem haben, weil Sie an der Prüfung nicht teilnehmen können; besser: »Mühelos und leicht bestehe ich die kommende Führerscheinprüfung.«

- *Präzise:* Nicht »Mein Umsatz wird sich steigern«, sondern: »Ich erziele im kommenden Geschäftsjahr eine Umsatzsteigerung von mindestens fünf Prozent.«

- *Positiv:* Ersetzen Sie negative Ansätze durch positive Ansätze. Das ist wichtig, da Ihr Unterbewusstsein kein Nein versteht. Sagen Sie also nicht: »Ich habe keine Kopfschmerzen mehr«, da Ihr Unterbewusstsein sonst schlimmstenfalls sogar »mehr Kopfschmerzen« produziert, sondern besser: »Mein Kopf ist frei und klar.«

- *Glaubwürdig:* Fragen Sie sich, ob Sie an die Möglichkeit der Erfüllung auch wirklich aus tiefstem Herzen glauben können. Andernfalls wählen Sie eine alternative Formulierung, die für Sie glaubwürdig ist. Wenn Sie beispielsweise verschuldet sind und die Formulierung »Ich erziele im neuen Jahr durch Glücksfälle ein Vielfaches meines Einkommens« nicht glauben können, wählen Sie besser: »Wenn ich in einem Jahr zurückschaue, erlebe ich, dass mein Einkommen meine laufenden Belastungen deutlich übersteigt.«

- *Messbar:* Es ist sinnvoll, eine Messlatte zu formulieren, an der Sie Ihren Erfolg erkennen können. Wenn Sie beispielsweise der zwölftbeste Spieler in Ihrem Tennisclub sind, wählen Sie statt »Ich spiele immer besser Tennis« besser: »Im neuen Jahr erspiele ich mir einen Stammplatz unter den Top Ten meines Tennisclubs.«

- *Harmlos:* Das Wort »harmlos« kommt eigentlich aus dem Englischen »to harm«, verletzen. Ihr Wunsch sollte niemandem zum Schaden gereichen.

- *Motivierend:* Die Formulierung muss brennen, da nur starke Wünsche starke Ergebnisse, schwache Wünsche aber schwache Ergebnisse bringen. Es ist also sinnlos, sich eine Zielformulierung zu suchen, weil »man« das von Ihnen erwartet. Falls der Wunsch nicht brennt, wählen Sie besser ein anderes Ziel.
- *Kurz, einfach,* aber *bestimmt.*
- *Frei von Vorstellungen:* Schreiben Sie dem Leben nicht vor, *wie* es Ihren Wunsch erfüllen soll, denn dadurch legen Sie Ihrem Unterbewusstsein Scheuklappen an und schränken die Erfüllung ganz erheblich ein. Statt »Ich heirate Elfriede« sagen Sie besser: »Ich lebe in einer erfüllten Partnerschaft mit der für mich idealen Frau.« Ansonsten kann es sein, dass Sie mit Elfriede zusammenkommen und sich genau das als Strafe für Ihre Engstirnigkeit herausstellt – und eine andere Frau viel besser für Sie gewesen wäre.

Tipps:
- Teilen Sie große Ziele in kleine Etappenziele auf.
- Halten Sie unerschütterlich in Gedanken, Worten und Taten daran fest, dass sich Ihr Wunsch verwirklichen wird. Wenn Sie finanziellen Wohlstand als Ziel haben, sagen Sie also nicht: »So etwas kann ich mir nicht leisten«, sondern: »So etwas kann ich mir *noch* nicht leisten.«
- Zwingen Sie sich zur Geheimhaltung des Wunsches (siehe auch »Die Wunscherfüllung nähren«).
- Abbestellungen rückgängig machen (siehe auch »Die Wunscherfüllung nähren«).
- Finden Sie ein Vorbild oder Inbild, das diesen Zustand bereits verwirklicht hat.
- Identifizieren Sie sich immer wieder mit dem erwünschten Endzustand, nicht mit dem Problem.

Die Wunscherfüllung nähren

Nachdem Sie Ihr Ziel formuliert haben, sollten Sie sich auf ein Parkett begeben, auf dem die Zielerreichung möglich und wahrscheinlich ist. Wollen Sie also Millionär werden, mischen Sie sich unter Menschen, die finanziell erfolgreich sind, wollen Sie ein Spitzensportler werden, suchen Sie die Nähe von Turniersportlern auf. Im Klartext kann das bedeuten, dass Sie beispielsweise Ihre Tageszeitung nicht mehr im Bistro um die Ecke, sondern beispielsweise in München im »Bayerischen Hof« oder dem Hotel »Vier Jahreszeiten« lesen. Zum richtigen Parkett gehört auch der richtige Wohn- und Aufenthaltsort.

Denken Sie an einen Schwan und daran, wie majestätisch er auf einem See entlanggleitet. Und wenn derselbe Schwan an Land geht und dort vielleicht sogar an einem Tierrennen teilnehmen würde, würde er albern aussehen. Denken Sie an eine Seerose, wie wunderbar sie auf einem Teich blüht – und wie schnell sie in einer kargen Landschaft verwelken würde.

So wie es für Tiere und Pflanzen ideale und ungünstige Plätze gibt, sollten Sie prüfen, ob Sie sich an dem für Sie richtigen Ort aufhalten. Wir kennen dies beispielsweise von den Urlaubsorten: Der eine entspannt sich am besten an der Côte d'Azur am Meer, der andere beim Bergsteigen. So ist es auch mit den Wohnorten. Wenn es Ihnen beispielsweise schwerfällt, auf dem Land Fuß zu fassen, kann es sein, dass Sie der geborene Stadtmensch sind. Vielleicht verwirklichen Sie Ihre Ziele auch besser im Ausland als in deutschsprachigen Ländern. Fragen Sie sich doch einmal, wo Sie am liebsten wohnen würden und welche Aufenthaltsorte am besten für Ihre eigene Entwicklung wären. Am besten finden Sie eine Gegend, die beiden Ansprüchen gerecht wird.

Wenn Sie ein Ziel formuliert haben, kann es vorkommen, dass Sie versehentlich einen gegenteiligen Gedanken denken oder gar äußern. Angenommen, Sie haben sich als Ziel gesetzt, eine beruflich erfüllende Aufgabe zu bekommen, dann sollten Sie an diesem Ziel festhalten und sich immer wieder vorstellen, dass Sie in einer solchen Position wirken. Wenn Sie dann mit Freunden über Ihre Möglichkeiten sprechen und Sie hören sich sagen: »Es ist ja schwer, heute eine gute Position zu bekommen«, oder gar »In der heutigen Zeit gibt es keine guten Jobs mehr«, dann wirkt diese Aussage auf Ihr Unterbewusstsein so, als wenn Sie bei Neckermann ein Kleid bestellen und die Bestellung am nächsten Tag vor der Auslieferung wieder stornieren. In dem Fall sollten Sie die Abbestellung wieder rückgängig machen, indem Sie voller Freude und/oder Dankbarkeit sagen oder denken: »Ach ja, der gute Job kommt ja noch auf mich zu«, oder »... Aber ich glaube fest daran, dass ich bald einen guten Job bekommen werde.«

Sie sollten von Ihren Zielen übrigens, wenn überhaupt, nur den Menschen erzählen, von denen Sie wissen, dass sie Sie in Gedanken unterstützen. Die Menschen, denen Sie also etwas darüber sagen, sollten Ihnen wohlgesinnt sein und an Ihren Erfolg glauben können. Idealerweise erzählen Sie auch diesen Menschen nicht von Ihren Zielen, pflegen aber den Kontakt zu ihnen, damit deren gute Energie zu Ihnen fließen kann.

Wenn jemand Ihnen wohlgesinnt ist, aber nicht glauben kann, dass Sie den Erfolg haben werden, erhalten Sie von ihm lediglich störende Zweifel. Hüten Sie sich insbesondere vor Gesprächen über Ihre Ziele mit Leuten, die Sie in einer negativen Identität geistig festhalten Und wenn jemand zwar an Ihren Erfolg glaubt, Ihnen diesen aber nicht gönnt, erhalten Sie von ihm belastenden Neid. Auch hier sollten Sie sich des Gesprächs enthalten. Wann immer Sie erleben, dass Sie jemand ausfragt, eigentlich nur, um dann tratschen zu können, sollten Sie ebenfalls schweigen. Im »I Ging« gibt es eine Formulierung, die lautet: »Behutsamkeit, um nicht die Aufmerksamkeit negativer Kräfte zu erregen!« Ebenso sollten Sie vorgehen. Lernen Sie von einer Henne: Sie gackert erst dann, wenn sie das Ei bereits gelegt hat. Ansonsten laufen Sie Gefahr, dass sich laufend die Gedanken der anderen einmischen.

Die anderen befähigen

Listen Sie die Menschen auf, die Ihnen wohlgesinnt sind und sich über Ihren Erfolg freuen würden. Wenn Sie beispielsweise meinen, dass Ihr Vater Ihnen Ihren Erfolg sehr gönnen würde, sich aber schwertut, daran zu glauben, dann sehen Sie vor Ihrem geistigen Auge, wie Sie sich zusammen mit Ihrem Vater darüber freuen, dass Ihr Erfolg gelungen ist. Reden werden Sie mit ihm aber erst darüber, wenn der Erfolg unter Dach und Fach ist. Dadurch sichern Sie sich die positive Energie auch von den Verbündeten, die sich noch schwertun mit dem Glauben an Sie. Sie befähigen diese Menschen dadurch geistig, letztendlich doch an Ihren Erfolg glauben zu können – sobald Sie diesen sehen.

Nicht umsonst sagt man: »Ein Gramm Praxis wiegt schwerer als tausend Tonnen Theorie.« Gehen wir deshalb ganz konkret in die Praxis und schauen wir uns an, was im Leben erforderlich ist, um ein Ziel zu erreichen. Einige der nachfolgenden Punkte stammen von Toptrainern im Business- und Sportbereich. Ich möchte an dieser Stelle auch Hans Eberspächer für sein Buch »Gut sein, wenn's drauf ankommt« danken, das mich zu vielen der folgenden Punkte inspiriert hat.

Fähigkeiten

Es nützt Ihnen wenig, ein erstrebtes Ziel vor Augen zu haben, aber nicht über die Fertigkeiten zu verfügen, dieses zu erreichen. Darüber hinaus müssen Sie das Notwendige auch tun, also auch bereit sein, tätig zu werden. Erst wenn *Handlungsbereitschaft* und *Handlungsfertigkeit* in der Tat zusammenkommen, kann das Ziel gelingen.

Training der Fähigkeiten

Trainieren Sie immer wieder die für Ihre Zielerreichung erforderlichen Fähigkeiten mental und tatsächlich durch praktische Ausübung, Sie sollten sich immer wieder vorstellen, dass Sie die erforderlichen Fähigkeiten beherrschen, sie aber auch tatsächlich trainieren. Wenn Ihr Ziel beispielsweise ist, einen tollen Vortrag zu halten, dann stellen Sie sich immer wieder vor, wie gut Sie dort reden werden, aber Sie üben ihn auch zugleich, zum Beispiel vor dem Spiegel.

Abrufbereitschaft

Mental fit zu sein bedeutet nicht nur, ein Bild des erwünschten Endzustands im Bewusstsein zu haben und sich an diesem zu erfreuen, sondern genau dann, wenn Leistung von Ihnen gefordert wird, diese auch zu erbringen. Spitzenspieler im Tennis trainieren ein und denselben Schlag immer wieder, bis er sitzt. Kampfsportler üben ihre zielsicheren Abwehrreaktionen so oft, bis sie auch unbewusst vorhanden sind und sofort und ohne nachzudenken abgerufen werden können.

Es handelt sich um eine »Fertigkeit«, weil sie in jedem Augenblick fertig abrufbereit vorhanden sein muss. Wir müssen nicht nur in der Rhetorik schlagfertig sein, sondern auch in jedem notwendigen Augenblick »handlungsfertig«, »reaktionsfertig«, »intuitionsfertig«, »arbeitsfertig«, »verhandlungsfertig« etc. Im Einüben der Fertigkeiten liegt genau der Brückenschlag zwischen Theorie und Praxis, zwischen »davon träumen, erfolgreich zu sein« und »wirklich erfolgreich sein«.

Training der Fertigkeiten

Trainieren Sie immer wieder die Abrufbereitschaft Ihrer Fertigkeiten mental und in der Praxis. Stellen Sie sich vor, wie Sie sie zur rechten Zeit abrufbereit haben, und begeben Sie sich gezielt in Situationen, in denen Sie die Abrufbereitschaft auch praktisch trainieren können.

Bewusstsein über die Knotenpunkte

Mit Knotenpunkt meine ich die Augenblicke, in denen etwas Entscheidendes passiert, das über Sieg oder Niederlage den Ausschlag geben wird. Der Begriff »Knotenpunkte« erinnert Sie daran, dass genau hier an diesen Punkten die Dinge sich verknoten könnten. Er erinnert aber auch in positiver Hinsicht an die Knoten eines Bergsteigers, die er mit dem Pickel in den Felsen schlägt, um abgesichert zu sein, so dass er sich entlang der Knotenpunkte nach oben hangeln kann. Ein drittes Bild, das ich Ihnen geben möchte: Knotenpunkte sind wie die Weichen bei einer Eisenbahn: Sie entscheiden genau an dieser Stelle darüber, ob die Eisenbahn das von Ihnen gewünschte Ziel erreicht. Sie müssen deshalb eingeprägt und gekennzeichnet sein, beispielsweise durch geistige Fähnchen an diesen Wegmarkierungen. Stellen Sie sich einen Abfahrtsläufer bei der Winterolympiade vor. Es nützt ihm wenig, wenn er sich vorstellt, dass er siegen wird, wenn er sich nicht auch bei jedem Etappenziel vorstellen kann, es erfolgreich zu bewältigen. Ein Profi in der Abfahrt wird deshalb die Strecke immer wieder zur Probe fahren und auch zu Fuß abgehen. Er wird herausfinden, wo die gefährlichen Stellen sind, wo Glatteis ist und wo die schwer zu nehmenden Kurven. Er wird die Strecke in Teilziele zerlegen und die kritischen Stellen markieren. Er wird sich dann bei jedem Knotenpunkt vorstellen, wie er diesen mental erfolgreich bewältigt. Er wird sich selbst immer wieder an der gefährlichen rutschigen Kurve sehen, bis er innerlich sicher ist, dass er sie beherrscht. Und genau so wie unser Abfahrtsläufer sollten auch Sie die Strecke, die von heute an vor Ihnen liegt, in Teilstrecken und Knotenpunkte aufteilen.

Knotenpunkte festlegen

Welches sind die Augenblicke, auf die es bei der Erreichung Ihres Zieles ankommt? Notieren Sie diese Knotenpunkte und visualisieren Sie, wie Sie genau in diesen entscheidenden Schlüsselsituationen optimal handeln.

Timing und Gegenwartsbezug

Wir können letztendlich nur erfolgreich sein, wenn wir in der Lage sind, die für den Erfolg geforderte Leistung exakt zu dem dafür notwendigen Augenblick abzurufen. Voraussetzung für die Gabe, im Hier und Jetzt sein Optimum zu geben, frei von irgendwelchen Vergangenheitslasten oder Zukunftshoffnungen, ist die Gabe, mit dem Bewusstsein ganz präsent zu sein, das ist Gegenwartsbezug. Am deutlichsten wird dies sichtbar bei einer Prüfung oder einem Wettkampf. Ob es um Ihre Heilpraktikerprüfung oder Ihre Führerscheinprüfung geht: Es nützt Ihnen wenig, wenn Sie einen Tag vor oder nach der Prüfung alles können und wissen – auf den richtigen Zeitpunkt kommt es an. Der Stabhochspringer beispielsweise braucht das optimale »Hochgefühl« genau zu dem Zeitpunkt, zu dem er springt, nicht später und nicht früher.

Erst durch das Einüben von Fertigkeiten und das mentale Einjustieren Ihrer Fertigkeiten auf den geforderten Zeitpunkt erbringen Sie den gewünschten Erfolg. Wenn Sie ein erfolgreicher Geschäftsmann sein wollen, genügt es nicht, sich vorzustellen, dass das Geld automatisch auf Sie zugeflogen kommt.

Routine

Mentalprofis haben für schwierige anstehende Handlungen Routinen entwickelt, welche

- differenziert und damit variabel sind,
- situationsspezifisch maßgeschneidert sind,
- klar, eindeutig, stabil und sicher verfügbar sind.

Der Langstreckenläufer: »Am Start habe ich Schwierigkeiten, mich durch die Menge von Läufern hindurchzufinden und schnell in eine vordere Position zu kommen. Ich stelle mir deshalb vor, ich sei eine Rakete, die beim Startschuss gezündet wird. Dann komme ich an dieses Stück, wo es bergauf geht. Hier achte ich nicht auf die Steigung, sondern stelle mir vor, ich trete nach unten, wie auf dem Schaufelradbagger der alten Mississippi-Dampfer. Besonders schwierig wird es, wenn jemand versucht, mich zu überholen, da bin ich geneigt nachzugeben. Genau dann stelle ich mir vor, dass mich ein kräftiger Rückenwind nach vorn schiebt. Dann komme ich in die Rechtskurve nach unten. Ich nutze den Drive aus, indem meine Schritte immer länger werden und ich mich in die Position nach außen schiebe, um den Weg abzukürzen ...«

Bewältigungsstrategien

Ein Vortragsredner war bekannt dafür, dass er immer dann, wenn er sich persönlich angegriffen fühlte, mit der Bewältigungsroutine »Ich liebe mich so, wie ich bin« antwortete und den Angreifer damit im Regen stehen ließ. Dieser Bewältigungsroutine vorausgegangen waren jahrelange Selbstzweifel, die regelmäßig bei Kritik an seinen Vorträgen getriggert wurden, bis er beschloss, genau im Moment des Angriffs die geeignete Reaktion erfolgen zu lassen.

Das Geheimnis liegt darin, stabile, sofort abrufbare Denk- und Handlungsreaktionen so oft einzuüben, bis sie »sitzen«. Sind diese einmal gelernt, ermöglichen sie uns, sogar in schwierigen Situationen störungsresistent und zielsicher zu agieren. Es geht nicht darum, sich in kritischen Situationen wohl zu fühlen. Jeder fühlt sich unwohl, wenn er angegriffen oder gar ein Trauma angeklickt wird, aber der Mentalprofi hat eingeübte Routinen, Skills im Ärmel, auf die er genau dann zurückgreifen kann – der Amateur nicht.

Routinen anlegen

Welche Schwierigkeiten könnten auf Ihrem Weg zum Ziel auftreten? Notieren Sie alle möglichen Probleme, die auftauchen könnten, und prägen Sie sich Ihre optimalen Antworten oder Reaktionen darauf immer wieder ein, wie beim Vokabellernen. Versetzen Sie sich immer wieder gedanklich

Vorbereitung auf das Unerwartete

Insbesondere für Unwägbarkeiten sollten Sie sich wappnen. Wenn etwas Unangenehmes oder Unerwartetes geschieht, wirkt dies wie ein Schlag auf Ihr äußeres Orientierungssystem. Ihr äußeres Navigationsgerät ist für einen Augenblick außer Takt. Vorbereitete und eingeübte Reaktionen wirken dann wie ein optimal ausgearbeitetes inneres Navigationssystem, eine Art »Notsystem«, das Sie dann einsetzen können. Wer nicht mental auf das Unerwartete vorbereitet ist, ist orientierungslos und hilflos, wie ein Nichtschwimmer, der ins Wasser gefallen ist und im Schock blind um sich schlägt. Wenn Sie dagegen mental vorbereitet sind, zeigt sich dies in Ihrer Souveränität. Sie haben einen »Plan B« und deshalb auch einen entlasteten Verstand, weil Sie schnell und sicher auf Ihr inneres, immer wieder eingeübtes Navigationssystem zurückgreifen können. Sinneswahrnehmungen, Körper und Geist unterstützen sich als eine in sich verschmolzene Einheit. Sie stören einander nicht, sondern arbeiten zusammen. Statt »O Gott, jetzt ist alles aus« sagen Sie sich: »Die Situation kenne ich, ich habe sie hundertmal eingeübt, jetzt kann ich zeigen, was ich kann!«

Das Unerwartete einrechnen

Führen Sie sich vorbereitend auch die Bereiche vor Augen, wo Sie bislang Unerwartetes, Schwierigkeiten, Blackouts oder gar Traumata erlebt haben, und sehen Sie sich mental immer wieder optimal darauf reagieren. Üben Sie positive Reaktionen auf das Unerwartete auch praktisch. So speichert sich das Positive ins Bewusstsein ein und ersetzt das Negative.

Gegenmagneten schaffen

Traumata aus der Vergangenheit wirken wie negative Magneten. Jedes Versagen aus der Vergangenheit, jede Angst, es könnte wieder schiefgehen, wirkt magnetisch auf Ihre Aufmerksamkeit, und so zieht jede Angst leider genau das an, was sie befürchtet. Deshalb ist es so wichtig zu lernen, die eigene Aufmerksamkeit umzulenken. Damit Ihnen dies auch in Krisensituationen gelingt, müssen Sie jedoch positive Magneten als Ausgleich schaffen und lernen, Ihre Aufmerksamkeit darauf zu richten, insbesondere bevor ein negativ geladener Magnet Sie zu einer Negativreaktion verführt.

Stellen Sie sich vor, Sie sind Odysseus und müssten zwischen den Seeungeheuern Skylla und Charybdis hindurchsegeln. Damit Ihnen dieses gelingt, brauchen Sie einen anderen Bewusstseinspunkt. Ihr Unterbewusstsein versteht kein Nein. Wenn Sie beispielsweise einmal bei einem öffentlichen Vortrag versagt haben, Ihnen ist die Stimme weggeblieben, die

Leute haben Ihnen die Anerkennung verweigert, oder Sie haben sogar einen Zusammenbruch gehabt, dann brauchen Sie solche Gegenmagneten. Ich wähle bewusst das Beispiel des Vortrags, da statistisch die Angst, in der Öffentlichkeit zu reden, die größte Angst des westlichen Menschen ist, größer als die, mit einem Flugzeug abzustürzen oder arbeitslos zu werden. Wenn Sie keinen Gegenmagneten haben, dann werden Sie während des Vortragens permanent (unbewusst) denken: »Hoffentlich bleibt mir nicht wieder die Stimme weg! Hoffentlich versagen mir die Zuhörer nicht wieder die Anerkennung! Hoffentlich breche ich nicht wieder zusammen!« Und da Ihr Unterbewusstsein kein Nein versteht, würden Sie genau das erleben, was Sie befürchten. Sie würden von den Seeungeheuern unweigerlich angezogen werden und an ihnen zerschellen. Hierbei stellt Skylla die Hybris dar, die Selbstüberhöhung, um den Schmerz der eigenen Unsicherheit nicht spüren zu müssen, und Charybdis den Strudel der tiefen Selbstzweifel, der einen zu verschlingen droht. Odysseus bestand seine Aufgabe mit Hilfe der Neriden, das waren in der griechischen Legende hilfreiche Geschöpfe, die dem Meeresgott Neptun dienten. Neptun symbolisiert hierbei mit seinem Dreizack die feine Antenne, den Leitstern des himmlischen Meeres, der uns auf Kurs hält.

Positive Magneten aufladen

Visualisieren Sie Ihr Ziel, eventuelle negative Magneten und laden Sie positive Magneten mit Energie auf. Üben Sie sich immer wieder darin, auf negativen Sog mit Ihren positiven Magneten zu reagieren.

Umspringen der Wahrnehmung

Oft wird unsere Aufmerksamkeit von einem negativen Magneten angezogen. Dann ist die Gefahr groß, dass man gebannt wie das Kaninchen auf die Schlange schaut und nicht mehr sinnvoll agieren kann. Da hilft es, die Wahrnehmung umspringen zu lassen, also »blitzschnell« von dem einen Magneten auf den anderen zu gehen. Dafür ist es nötig, einen Augenblick lang in die Stille zu gehen. Dies wirkt wie der Leerlauf bei einer Gangschaltung und kann sogar in einem einzigen Atemzug vollzogen werden. Wir nutzen hier die Formel »Statt ... wähle ich ...«. Bezogen auf Ihre Aufmerksamkeit bedeutet das, die Aufmerksamkeit zu verlagern, so wie Sie den Zoom einer Kamera verschieben.

Das geht in drei Schritten vor sich:

1. Sie nehmen einen tiefen Atemzug, fühlen das Unerwünschte, dehnen sich in ihm aus und ziehen die Aufmerksamkeit dann von dem Unerwünschtem ab, wie bereits praktiziert.
2. Sie halten den Atem an und richten dabei die Aufmerksamkeit nach innen, kommen zur Besinnung und konzentrieren sich darauf, wer Sie wirklich sind.
3. Sie atmen aus und richten Ihre Aufmerksamkeit auf das Erwünschte.

Sie bitten einen Trainer, den Sie sehr verehren, um Hilfe und Unterstützung für Ihren Erfolgsweg, und er antwortet Ihnen, dass Sie völlig blockiert sind und sich ändern müssen, da Sie sonst ohnehin keine Chance haben. Statt zu denken »Der blöde Kerl, ich hasse ihn« (unerwiderte Verehrung) oder »Er hat recht, ich bin blöd, weil ich es nicht packe« (Selbstaufgabe aus Angst vor Liebesverlust), denken Sie: »Ich lasse mich nicht in einem negativen Bild festhalten.« Sie ziehen die Aufmerksamkeit von der Meinung dieses Trainers ab und richten sie auf Ihren Erfolg. Statt einem »Der Situation bin ich sowieso nicht gewachsen« denken Sie: »Ich setze meine Fähigkeiten ein, dann werde ich Erfolg haben.«

12-Punkte-Checkliste

1. Vergegenwärtigen Sie sich ein Ziel. Achten Sie dabei und bei jeder nachfolgenden Visualisation darauf, dass Sie sich selbst in einer optimalen Verfassung mit ausgeprägter Handlungsfertigkeit und Handlungsbereitschaft und im Bewusstsein der beabsichtigten Wirkung sehen.
2. Welche Handlungen müssen von Ihnen ausgehen, damit Sie das Ziel erreichen? Listen Sie alle erforderlichen Handlungsschritte auf.
3. Fragen Sie sich, wie Sie die einzelnen Handlungsschritte optimal umsetzen wollen. Suchen Sie dabei durch Probehandeln (»mental anprobieren«) für jeden einzelnen Handlungsschritt den optimalen Weg. Führen Sie die Handlungen immer wieder in Gedanken durch, bis sie sitzen und Sie frei über sie verfügen können.
4. Welche Wirkungen wollen Sie durch Ihre Handlungen erzielen? Notieren Sie die beabsichtigten Wirkungen neben Ihren Handlungen und prüfen Sie mental, ob Ihre Handlungen auch zu diesem Ergebnis führen.

5. Welche Fähigkeiten und Fertigkeiten müssen Sie (mental und praktisch) entwickeln, um das Ziel zu erreichen? Listen Sie diese auf!

6. Erleben Sie mental die »Abrufbereitschaft« der erforderlichen Fertigkeiten und Fähigkeiten als eine Art innere Reaktion, bis Sie diese beherrschen.

7. Welche entscheidenden »Knotenpunkte« gibt es? Welche Handlungen sind dort zu beherrschen?

8. Sehen Sie sich selbst immer wieder in Höchstform exakt zu dem jeweils geforderten Zeitpunkt, sehen Sie sich »just in time«!

9. Bewältigungsroutinen: Was könnte bei dem Vorhaben alles schieflaufen? Notieren Sie alle Punkte und wie Sie in dem Fall verfahren wollen. Lernen Sie Ihre Reaktionen auswendig, wie beim Vokabelpauken, *»wenn ... passiert, dann tue ich ...«*. Sehen Sie im Geiste immer wieder, wie das Problem auftaucht und Sie es mental bewältigen. Sie können sich die Situationen auch auf Karten schreiben und die möglichen Antworten auf die Rückseite.

10. Welche Reaktionen und (zusätzlichen) Eigenschaften brauchen Sie für Notfälle oder Unerwartetes, auf die Sie dann zurückgreifen können? Üben Sie diese mental ein.

11. Welche persönlichen Schwierigkeiten oder Traumata gibt es, und welche Magneten müssen Sie dem entgegensetzen. Üben Sie auch das mental ein.

12. Vor jedem mentalen Training können Sie sich fragen: Worin möchte ich nach dem Training mental besser sein als vorher? Was will ich diesmal gemeistert haben?

Die Finalbild-Technik

Jetzt, nachdem alle Hindernisse beseitigt sind und Sie genau wissen, wohin Sie wollen, und Ihr Ziel genau kennen, möchte ich Ihnen die zwölf Schritte vorstellen, mit deren Hilfe Sie Ihre Ziele zuverlässig in den Erfolg überführen können. Viele davon haben Sie in diesem Buch bereits eingeübt, so dass Sie sie jetzt kompakt noch einmal erleben können. Und dann können Sie damit arbeiten – an all Ihren großen und kleinen Schwierigkeiten.

1. Loslassen/Raum schaffen: Bevor Sie etwas Neues in Erscheinung treten lassen können, müssen Sie zuerst einmal das Alte loslassen. Das bedeutet auch, das Ungelöste, das Ihrem neuen Erfolg entgegensteht, so umzuwandeln, dass die schlechte Erinnerung, das Festhalten am Ungelösten, der negative Glaubenssatz, die alte Ladung nicht mehr vorhanden sind. Dadurch ist Ihr Weg frei: Sie können Ihre Aufmerksamkeit abziehen von dem, was ist, und hinlenken zu dem, was Sie stattdessen erleben möchten, können den unerwünschten Umstand erkennen und imaginativ umformen in den erwünschten Endzustand. Dies beinhaltet:
   - zu sich selbst finden,
   - annehmen, was ist,
   - die Aufmerksamkeit steuern.
2. Die eigene Wahlmöglichkeit in Anspruch nehmen: Sie erkennen, dass Sie dem Geschehen nicht blind ausgeliefert sind, sondern eine Wahl haben. Das Bewusstsein von »Ich habe die Wahl« ist ein selbst-bewusster Seins-Zustand. Das beinhaltet zu erkennen, wer Sie in Wirklichkeit sind.

3. Den erwünschten Endzustand definieren: Was entspricht Ihnen statt dem bisherigen Zustand? Es geht in diesem Punkt nicht darum, was Ihr Ego will, sondern aus einer höheren Perspektive heraus zu erkennen, was gut, hilfreich und entwicklungsfördernd für Sie ist. Das beinhaltet: Formulieren Sie den erwünschten Endzustand positiv und schriftlich, beziehen Sie Ihr höheres Selbst in die Zielformulierung ein, unterscheiden Sie dabei wahre Ziele von falschen Zielen. Probieren Sie die potenzielle Zukunft / den erwünschten Endzustand an, nutzen Sie eventuell ein Symbol zur Zielprüfung, bis es stimmig ist. Ein Beispiel: »Ich lebe in einer erfüllten Mann-Frau-Beziehung mit dem richtigen Menschen in der richtigen Weise!«

4. Glaubensprüfung: Können Sie an den erwünschten Endzustand glauben? Stellen Sie sich vor, dass Ihr Ziel zu einem bestimmten Zeitpunkt, zum Beispiel nach einem Jahr, erreicht wäre. Gehen Sie mit diesem Gedanken ganz in die Tiefe und in Ihr Realitätsbewusstsein. Halten Sie inne und spüren Sie nach, ob Glauben in Ihnen aufsteigt. Wenn Sie kein Gefühl für Ihren Glauben haben, sollten Sie Ihren Glauben »eichen«. Dafür halten Sie sich einmal etwas vor Augen, das Sie fest glauben können, beispielsweise, dass Ihre Mutter Ihre leibliche Mutter ist. Fühlen Sie, wie sich dieser Glaube anfühlt. Dann denken Sie an etwas, das Sie nicht glauben können, zum Beispiel daran, dass Sie morgen den Weltrekord im Marathon schaffen, und spüren, wie sich das anfühlt. Nun denken Sie an Ihr Ziel und spüren, wie stark sich dabei ein Gefühl von »Das glaube ich« zeigt. Falls es noch nicht stimmig ist, zerlegen Sie das Ziel in Teilziele, bis Sie an die Erfüllung glauben können.

5. Glaubenssatzprüfung: Gibt es Glaubenssätze, die Ihrem Ziel entgegenstehen? Wenn Sie beispielsweise glauben, dass es

in der heutigen Zeit aussichtslos ist, erfolgreich zu sein, werden Sie kaum Erfolg haben können, ebenso wenn Sie glauben, dass man nur mit unredlichen Mitteln reich werden kann. Der einfachste Weg, Glaubenssätze aufzulösen, liegt darin, Gegenbeispiele zu finden und sich daran zu halten, sich zum Beispiel jemanden vor Augen zu führen, der sehr ehrlich ist und trotzdem zu Geld gekommen ist: »Wenn er es kann, dann ist es möglich, dann kann ich es auch.«

6. Das Finalbild manifestieren: Das ist das Kernstück Ihrer Manifestation und kann, wenn Sie es gründlich machen, bis zu zwei Stunden dauern. Dieser Schritt erfordert also Konzentration und Ausdauer. Er besteht aus folgenden Details:

- Das Finalbild bildhaft sehen und vor sich hinstellen: Sie können es zum Beispiel mental auf eine Leinwand projizieren (siehe Kapitel »Die Kraft der Imagination nutzen«).

- Sich selbst in der Erfüllung sehen: Sehen Sie sich in einem optimalen Eigenzustand.

- Hineinschlüpfen in das Bild: Dafür stellen Sie sich in das Bild, nicht außen davor. Erleben Sie sich am Ziel, verbinden Sie sich selbst mit dem Ziel, versetzen Sie sich imaginativ in die Erfüllung und erleben Sie sich am Ziel, identifizieren Sie sich mit dem Ziel.

- Freude und Dankbarkeit für die Erfüllung. Lassen Sie Ihre Aufmerksamkeit auf das Bild der Erfüllung gerichtet, bis ein Gefühl von Freude und Dankbarkeit in Ihnen aufsteigt. Das bedeutet: Sich imaginativ in die Erfüllung versetzen und dort erleben. Sobald Sie die Dankbarkeit für die Erfüllung wirklich fühlen, haben Sie die Auftragsbestätigung für Ihr Finalbild bereits in der Tasche.

Bleiben Sie also in dem Gefühl der Erfüllung, bis sich Freude und Dankbarkeit von selbst einstellen. Wann immer Sie an Ihr Ziel denken, erneuern Sie dieses Gefühl.

7. In Besitz nehmen: Indem Sie die Identifikation mit dem erwünschten Endzustand auch im Alltag halten, nehmen Sie ihn in Besitz und machen ihn zu Ihrer neuen geistigen Realität. Erleben Sie sich immer wieder in verschiedenen Situationen der Erfüllung. Achten Sie darauf, dass sich der neue Zustand natürlich und zu Ihnen gehörig anfühlt. Zur Inbesitznahme gehört es auch, sich wert zu fühlen, die Erfüllung zu erhalten, genauer gesagt »erhalten zu haben«, denn geistig haben Sie sie ja bereits verwirklicht. Das Leben kann Ihnen nichts geben, was Sie sich selbst versagen. Eventuelle Schuldgefühle oder Selbstwertprobleme müssten spätestens an dieser Stelle aufgelöst werden, zum Beispiel durch die Fokussierung auf die »Energie der Unschuld«.

8. Vom Ziel aus rückwärts denken und leben: Stellen Sie sich vor, Ihre Zukunft ist jetzt, und Sie blicken voller Dankbarkeit zurück mit den Gedanken »Ich *habe* bekommen«, »Es *ist* gelöst, geschehen, passiert«. Fügen Sie den erwünschten Endzustand imaginativ in Ihre individuelle Zeitlinie ein und machen Sie ihn dort fest. Schauen Sie vom Ziel aus auf der individuellen Zeitlinie entlang zurück bis zum gegenwärtigen Zustand. Gehen Sie also in Gedanken rückwärts, indem Sie sich fragen, *wie* Sie es geschafft haben: »Welche Gedanken, Worte, Taten, Verbindungen etc. habe ich genutzt?« Bemühen Sie dafür Ihre Phantasie und Ihre Intuition. Rufen Sie dabei alle zur Erfüllung erforderlichen Ereignisse gedanklich hervor. Notieren Sie den ersten dafür notwendigen Schritt. Hierzu helfen auch folgende Fragen:
   - Wie habe ich das gemacht?

- Welche Schwierigkeiten tauchten auf, und wie habe ich sie gemeistert?

9. Jeden Teilschritt imaginieren und in Gedanken durchführen: Hierzu gehört auch das Anlegen positiver Routinen, Skills, das Schaffen von positiven Magneten, wie bereits besprochen.

10. Tun: Meisterschaft zeigt sich nicht im Wissen, sondern im Handeln. So wie der 6. Schritt für die geistige Ebene entscheidend ist, so ist dieser 10. Schritt die entscheidende Voraussetzung für die äußere Verwirklichung. Legen Sie eine Liste der notwendigen Schritte an und arbeiten Sie diese ab. Ergänzen Sie sie jeden Morgen nach der »Tagesvorausschau« durch weitere, notwendige Handlungen, die Sie zum Ziel führen.

11. Senderbewusst leben: Zur Manifestation gehört auch, im Hier und Jetzt ein *bewusster* Sender zu sein. Das bedeutet, sich permanent des gegenwärtigen Magnetismus bewusst zu sein. Wir wirken immer, egal wie und unabhängig davon, ob uns dies bewusst ist oder nicht. So wie wir uns für jeden Anlass entsprechend kleiden, sollten wir auch das zum Erfolg gehörende »Auragewand« anlegen. Die anstehende Erfüllung ist in Form unseres Aurakleides spürbar und wird manifest. Unsere Aura ist unsere Resonanz mit der Welt. Indem Sie sich stets bewusst sind, was Sie aussenden, bringen Sie Eigenschwingung und Zielschwingung in Einklang und ziehen nach dem Gesetz der Resonanz zuverlässig das an, was Ihnen entspricht.

12. Die Erfüllung reifen lassen: Lassen Sie Ihre Vision in Ihrer Gewissheit der Verwirklichung ruhen. Wenn Sie etwas gesät haben, holen Sie den Samen ja auch nicht wieder aus der Erde, um zu prüfen, ob etwas gewachsen ist. Verharren Sie in der inneren Gewissheit, dass durch

das Gefühl von Freude und Dankbarkeit die Erfüllung bereits geistig geschehen und äußerlich auf dem Weg zu Ihnen ist. Halten Sie geistig und mit Worten im Innen wie im Außen die Energie des erfüllten Wunsches, bis die Erfüllung in Erscheinung getreten ist. Dazu gehören auch das Schweigen gegenüber Zweiflern und das Unterlassen von negativen, erfolgstörenden Gedanken, Worten oder Taten. Wann immer Sie versehentlich das Gewünschte durch etwas Gegensätzliches abbestellt haben, korrigieren Sie das, indem Sie voller Freude erneut denken: »Ach ja, das kommt ja auch noch!« Dann können Sie es wieder vollkommen loslassen und einfach vergessen.

Mitgestalten

Die Blitztechnik des Umkreisens

Nachfolgend eine einfache Technik, mit der Sie Unerwünschtes aus Ihrem Leben verbannen und Erwünschtes in Ihr Leben ziehen können. Sie ist sehr einfach und doch wirkungsvoll. Zuerst einmal müssen Sie sich entscheiden, ob Sie etwas loswerden wollen (diskreieren) oder etwas in Ihr Leben ziehen wollen (kreieren).

Erwünschtes kreieren

Wollen Sie etwas kreieren, schreiben Sie in die Mitte eines großen Blattes Papier den erwünschten Endzustand in Form eines kurzen, positiven Satzes. Dann umkreisen Sie diesen Satz *gegen den Uhrzeigersinn* (als Linkshänder im Uhrzeigersinn) etwa fünf Minuten lang, bis Freude und Dankbarkeit auftauchen und Sie spüren, dass der erwünschte Endzustand in Ihr Bewusstsein eingedrungen ist.

Dann danken Sie innerlich, dass Sie dieses Gewünschte manifestieren durften. Wenn Sie möchten, hängen Sie das Bild an die Wand.

Beispiele für die positiven Sätze:

- Ich verwirkliche mich in einem erfüllten Leben.
- Ich führe die richtige Partnerschaft mit der richtigen Partnerin.
- Ich lebe und erlebe meine Berufung.
- Ich entfalte meine unentdeckten Potenziale.
- Ich erlebe, wie sich meine Finanzen zu meinem Wohle entwickeln.
- Ich lebe in unabhängiger Verbundenheit.

Unerwünschtes entlassen

Möchten Sie etwas aus Ihrem Leben entlassen, weil es Sie belastet, notieren Sie das in die Mitte eines großen Blattes Papier. Umkreisen Sie diesen Satz *im Uhrzeigersinn* (als Linkshänder gegen den Uhrzeigersinn) und erleben Sie, wie die Belastung verschwindet.

Erfolg können Sie trinken

Die Macht der Gedanken wirkt unmittelbar auf den Körper, insbesondere in Verbindung mit anderen Methoden. Das lässt sich natürlich auch für Heilung einsetzen. Unter Heilpraktikern bekannt geworden sind die »Sanjeevinis«, die von einer Schülerin des Inders Sattya Sai Baba entwickelt wurden und zum Zweck der Heilung eingesetzt werden können. Es sind 250 kleine Kärtchen, auf denen die Namen von Körperteilen oder auch von Krankheiten stehen. Zusätzlich ist auf diesen Karten ein Heilungssymbol, ein achtblättriger Lotos. Der Heilungsuchende wird angewiesen, ein Glas Wasser auf eine entsprechende Karte zu stellen, ein Gebet seiner Wahl zu sprechen und danach das Glas Wasser zu trinken.

Ein Klient berichtete mir Folgendes: Vor einigen Jahren hatte er eine schwere Grippe. Daraufhin stellte er ein Glas Wasser auf die Sanjeevini-Karte »Grippe/Erkältung«, sprach ein Gebet und trank das Wasser. Kurz danach musste er dringend auf die Toilette. Der Urin stank abscheulich. Bereits einen Tag später verspürte er eine deutliche Besserung und zwei Tage danach konnte er bereits wieder zur Arbeit gehen. Diese tatsächliche Begebenheit soll natürlich niemanden ermuntern, den Arztbesuch zu versäumen. Dort, wo die Gebetskarte nicht unverzüglich beziehungsweise dauerhaft hilft, ist schon aus Gründen der eigenen Sicherheit dringend geraten, einen Arzt zu besuchen und seinen Empfehlungen Folge zu leisten.

Ich wähle dieses Beispiel, um zu verdeutlichen, wie machtvoll die Kraft des Geistes ist. Letztendlich ist es jedem möglich, sein »Heilwasser« selbst herzustellen – in dem Maße, wie sein Glaube und seine mentale Kraft das zulassen. Sehr gut funktionieren die Gebetskarten übrigens bei Tieren, da diese die Behandlung nicht in Frage stellen und durch ihren Zweifel verunmöglichen – daran zu glauben ist, wie wir am Beispiel der Tiere sehen, nicht erforderlich.

Eigentlich ist diese Methode uralt: Wenn in Indien oder Tibet Heiler ein homöopathisches Medikament geben wollen, haben sie es oft nicht zur Hand. Deshalb notieren sie mit Tinte den Namen und die Potenz des Präparates auf ein Blatt Papier, legen es in ein Glas mit Wasser, in dem sich die Tinte auflöst, und weisen ihren Patienten dann an, das Wasser zu trinken. (Dabei ist natürlich darauf zu achten, gesundheitsverträgliche Tinte zu nehmen, damit man keine Tintenvergiftung bekommt; ansonsten ist es besser, man stellt das Glas Wasser auf den Zettel.) Mit dem Vorgang des Trinkens wird die Schwingung des geschriebenen Wortes als gedankliche Information auf den Organismus des Patienten übertragen – es wird behauptet, dass durch diese Methode die Patienten Heilung erfahren können, ohne mit dem Präparat selbst in Berührung gekommen zu sein.

Trinken können Sie allerdings nicht nur Gesundheit, sondern auch positive Eigenschaften, wie zum Beispiel »Mut«, »Liebe« usw. Der Japaner Masaru Emoto hat nachgewiesen, dass Wasser, das aus einem Glas getrunken wird, auf dem das Wort »danke« steht, eine entsprechend positive Energie aufweist (ich empfehle Ihnen sein Buch: »Wasser und die Kraft des Gebets«).

Positive Selbstprogrammierung mit Hilfe geometrischer Zeichen

Die praxisorientierte neue Homöopathie baut auf der Erfahrung der modernen Informationsmedizin auf, ihre Grundprinzipien sind jedoch weitaus älter. Seit Urzeiten weiß man, dass Zeichen als Träger von Kraft dienen. Den Gesichtsbemalungen indischer Gottheiten, den Aborigines in Australien und den Heilbemalungen indianischer Medizinmänner wohnt eine Kraft inne, die sich heute wissenschaftlich erklären lässt. Auch der Ötzi, die Leiche aus dem Simlaun-Gletscher, trägt das balkengleiche Kreuz und parallele Striche. Strichkombinationen und geometrische Zeichen wirken hierbei wie Antennen. Sie verändern den Energiezustand des Körpers.

Wasser oder Globuli programmieren

Geometrische Zeichen können auch in Verbindung mit Worten, die Sie auf eine Karte schreiben, für eine positive Selbst-Programmierung genutzt werden. Die erwähnte Möglichkeit, Informationen auf Wasser oder Globuli zu übertragen, ist denkbar einfach: Notieren Sie auf einen Zettel die positive Information des erwünschten Endzustands, beispielsweise »Die innere Heilkraft heilt mich jetzt« oder noch kürzer »Heilung«. Halten Sie den Zettel in der linken Hand und ein Glas Wasser oder unarzneiliche (also neutrale) Globuli in der rechten Hand. Schauen Sie auf den Zettel, während Sie das Wasser/die Globuli halten. Von links nach rechts und über die Augen wird die Information nun auf das Wasser/die Globuli übertragen. Um die Heilung zu präzisieren, ist es natürlich hilfreich, den Adressaten der Heilung exakter zu definieren. Dieses Verfahren ersetzt nicht den Besuch bei Ihrem Arzt oder Apotheker, kann aber zusätzlich Ihre Genesung unterstützen. Und natürlich können Sie nach dieser Methode auch Erfolgsprogrammierungen in Ihr Trinkwasser oder Ihre Globuli geben. Ein Zeichen, das in der Regel das Positive verstärkt, ist das Ypsilon (Y). Sie können über das Wort oder den Satz (unser Beispiel war »Heilung«) ein großes »Y« zeichnen.

Wenn Sie mit Globuli arbeiten, haben Sie den Vorteil, dass Sie über einen längeren Zeitraum, beispielsweise 21 Tage lang, unentwegt das Positivprogramm »essen« können, unabhängig davon, ob Sie in der Stimmung sind, Ihr mentales Training auszuführen oder nicht. Die Wirkung ist allerdings stärker, wenn Sie das Heilmittel jeden Tag neu erstellen, weil Sie sich in dem Fall jeweils mit der Schwingung des Augenblicks aufladen und nicht die Energie vom ersten Tag unverändert immer wieder mit aufnehmen. Doch bevor Sie die Programmierung komplett vergessen, lutschen Sie lieber einen bereits vorprogrammierten Globulus.

Um eine maßgeschneiderte Erfolgsprogrammierung zu erhalten, ist es hilfreich, sich präziser als in der Anleitung erwähnt mit der eigenen Konstitution auseinanderzusetzen. Oftmals ist eine maßgeschneiderte Umwandlungsarbeit erforderlich, um eventuelle Erfolgsblockierungen aufzulösen. Da diese Methode im Einzelfall differenzierter und ausführlicher ist, als sie hier aus Platzgründen dargestellt werden kann, empfiehlt sich ergänzend eine Einzelsitzung oder Ausbildung, in der diese Methode genauer gelernt werden kann (Infos: www. praneohom.de). Dort erfahren Sie auch, wie Sie die Wirkung von geometrischen Zeichen verstärken oder umkehren können – je nach Bedarf.

Die Kraft des Segnens

Segnen können Sie einen Menschen, eine Beziehung, einen Lebensumstand, ein Land, ein Tier – was immer Ihnen wichtig erscheint. Um die Kraft des Segnens zu aktivieren, benötigen Sie äußerlich eigentlich nur die Worte »Ich bitte um Segen für ...« oder »Ich segne ...«. Diese können Sie laut aussprechen, flüstern oder auch einfach nur denken. Wenn Sie zu einem Gott, Schutzheiligen oder Meister beten, ist es wichtig, sich beim Segnen auf deren Energie einzustimmen. Ob Sie dafür sagen »Ich bitte den Heilstrom zu fließen« oder »Ich bitte den Meister ... die nachfolgende Segnung zu unterstützen«, ob Sie ein »Ave-Maria« vorher sprechen oder ein anderes Gebet, das obliegt Ihnen. Nur Sie selbst können spüren und wissen, welche Methode bei Ihnen die stärkste Energie zum Fließen bringt. Der zweite Schritt des Segnens liegt darin, die Aufmerksamkeit auf die Person, die Beziehung oder den Umstand zu richten, der gesegnet wird. Der dritte Schritt liegt in der Ehrlichkeit des Herzens, es ist nötig, dass Sie auch wirklich meinen, was Sie sagen, und die Energie fließen lassen, das heißt ein gerichteter Kanal der Fülle zu sein. Wenn Sie Ihren Segen aussprechen oder denken, werden Sie spüren, wie sich der Segen »vollzieht«, Sie werden das Anschwellen, das Strömen und das Abschwellen der Segensenergie wahrnehmen, bis der Segen »vollbracht« ist.

Segnen sollten Sie insbesondere auch Ihre »Feinde«, unangenehme Situationen oder Briefe, Herausforderungen, vor denen Sie stehen usw. Segnen bedeutet, die innere Vollkommenheit in Erscheinung treten zu lassen. Das Gesetz des Segnens hat zwei Facetten:

- Alles, was ich ehrlichen Herzens segne, ist dadurch gesegnet.
- Alles, was ich ehrlichen Herzens segne, wird mir dadurch zum Segen werden.

Eine Frau kam aus der Predigt, als ihr ein Taschendieb das Portemonnaie aus der Hand riss und damit fortlief. Noch erfüllt von der Predigt, rief die Dame ihm nach: »Ich segne dich, mein Junge!« Der Dieb blieb stehen, stutzte, drehte sich um und kam zurück. Die alte Frau fragte ihn, warum er denn stehlen würde, und er antwortete, dass er kein Geld habe. Daraufhin gab sie ihm 20 Mark als Geschenk, wünschte ihm alles Gute und ging nach Hause. Viele Jahre später brannte das Gartenhäuschen dieser Frau ab, der Fall ging durch die Zeitung, und die Dame war ganz bestürzt, weil dieses Gartenhäuschen ihr ganzer Schatz gewesen war. Wenige Tage später fand sie auf ihrem Bankkonto die Gutschrift einer beträchtlichen Summe, der Verwendungszweck lautete »Für ein neues Gartenhäuschen«. Nach näherem Hinterfragen fand sie den edlen Spender heraus – es war genau der junge Mann, der ihr damals den Geldbeutel stehlen wollte.

Sie können Ihren Segen wie folgt aufbauen:
- »Ich« (sich bewusst machen, wer man wirklich ist, »Ich bin«)
- »Ich segne« (die Segensenergie spüren)
- »Ich segne ...« (den Segen zum Adressaten senden)

Segnen hat natürlich auch noch eine andere Seite, nämlich die Bereitschaft, Segen zu empfangen. Indem Sie in einem

Menschen, der mit Ihnen in Kontakt ist und Sie vielleicht segnen möchte, das höchste Prinzip sehen und ihn als Träger der einen Kraft wahrnehmen, empfangen Sie durch ihn den Segensstrom der Fülle. Wenn Sie befürchten, dass der andere Ihnen doch nicht gut will oder nur seine Konditionierungen weitergibt, denken Sie: »Ich empfange von dir nur die reine Kraft.« Oder: »Ich empfange von dir nur das, was für mich gut ist.« Es ist auch für den anderen ein Geschenk, wenn Sie ihn zum Kanal der Fülle machen, indem Sie seinen Segen annehmen. Das bedeutet, Vorbehalte gegen den anderen loszulassen, ebenso Unterschiede in Meinung, Tradition, Verhalten. Es heißt sich zu öffnen, um zu empfangen.

Ein gutes Ritual ist es übrigens, wenn Sie und Ihr Partner einander jeden Morgen und jeden Abend segnen und den Segen des anderen entsprechend annehmen. Wenn Sie unbeirrt Ihren Fokus und Ihren Segen auf das Stimmige in Ihrem Partner gerichtet halten, muss es in Erscheinung treten. Segnen sollten Sie insbesondere die Bereiche, mit denen Sie Schwierigkeiten haben. Statt sich über ein unbefriedigendes Leben in Haushalt, Finanzen, Lebensplanung, Sexualität oder gemeinsamer Kindererziehung zu beklagen, sollten Sie genau diese Bereiche segnen und wahrnehmen, welche Wunder das Leben daraufhin produziert.

Verbünden Sie sich mit Gleichgesinnten!

Mental-Training ist eine wichtige Brücke. Wohin Sie diese Brücke schlagen, bestimmen Sie selbst. Spätestens am Ende Ihres Lebens werden Sie sich mit der Frage konfrontieren, inwieweit Sie es vermocht haben, durch Ihr Leben Liebe auszudrücken, und inwieweit Sie dabei Ihrem inneren Gewissen gefolgt sind. Doch warum nicht heute damit anfangen? Nehmen Sie sich immer wieder Zeit zur Besinnung, zur Abstandnahme und einfach für sich selbst. Der schnellste Weg, in Kontakt mit sich selbst zu kommen, liegt in der wertschätzenden Anteilnahme mit einem geliebten Menschen, ganz im Sinne des Jesus-Wortes: »Denn wo zwei oder drei versammelt sind in meinem Namen, bin ich mitten unter ihnen« (Matthäus 18, 20). Ein Zusammenkommen in diesem Sinne, auch nur für kurze Zeit, ist oft wertvoller als stundenlanges Herumgrübeln. Es hat eine andere Qualität als das Mental-Training allein und unterstützt dieses sinnvoll.

In einer Gemeinschaft mit Gleichausgerichteten zu sein, in der man einander lassen kann, wie man ist, erwächst automatisch und ohne Anstrengung die Bereitschaft zur Liebe und die Offenheit dafür, Liebe anzunehmen, bedingungslos und frei von Vorteilsdenken. Dadurch verbindet sich das Bewusstsein der Liebe mit dem Bewusstsein der Hingabe, was dem Einzelnen ermöglicht, sich von innerer Zerrissenheit und Spaltung zu lösen. Die Gnade der Einen Kraft besteht darin, dass die immer da ist, auch wenn sich vorübergehend »düstere Wolken« zwischen uns und sie schieben mögen – sie strahlt wie die Sonne immer und allgegenwärtig. Die Allgegenwart dieser Einen Kraft wird verfügbar durch den Schlüssel der gemeinsamen Ausrichtung – der Hinwendung an sie. Wenn »zwei oder drei« Menschen in diesem Sinne zusammenkommen, schaffen sie ein heilendes Energiefeld. Dieses gemeinsame »Sich-Einstellen« auf die Gnade könnte die große Aufladebatterie sein nach einem anstrengenden Arbeitstag oder auch zur Bearbeitung und Lösung von Lebensthemen. Gerade der »kleine Hauskreis« hat seine besonderen Vorteile auch gegenüber größeren Gruppenversammlungen, weil hier der Gefahr des Dogmatismus und des Untergehens in der Anonymität vorgebeugt wird. Jeder kann dort seine Themen, Bitten und Wünsche frei ausdrücken.

Gerade auf dem Weg der spirituellen Weiterentwicklung ist es wichtig, sich nicht vom Wahn nach Ego-Bestätigung, hochmütiger Isolation oder auch Weltverbesserung leiten zu lassen. In einem gewachsenen Kreis von Gleichgesinnten kann man sich nichts vormachen und muss es auch nicht.

Es genügt, wenn zwei bis fünf Menschen, die sich gegenseitig schätzen und einander wohlwollen, zusammenfinden. Mehr sollten es nicht sein, weil sonst die Gefahr besteht, dass eine Organisation, eine Lehrmeinung, ein neues Glaubenssystem daraus entsteht, in der ein Leiter die Führungsposition übernimmt und dadurch die Ebenbürtigkeit vor Gott / der Einen Kraft gestört ist. Menschen hingegen, die an ein Glaubenssystem oder einen anderen Menschen gebunden sind, werden kein Interesse an »zwei oder drei« haben. Ideal ist dieses Zusammenkommen natürlich für Familien, aber auch für nicht miteinander verwandte Menschen, mit denen sich dann beispielsweise Familienprobleme besprechen lassen.

In so einem Kreis sollte es keine Doktrin geben. Wenn spirituell reife Menschen zusammenkommen, werden sie automatisch erkennen, was im jeweiligen Moment eingebracht werden möchte. Das, was diesen Kreis zusammenhält, ist die Suche nach der Wahrheit und der Wunsch, bestimmte Themen auszusprechen, dafür ein offenes Ohr zu finden und es an die Eine Kraft zur Lösung abzugeben.

Das obige Bibelzitat legt nahe, sich zu Beginn eines Treffens mit Gleichgesinnten gemeinsam auf die Gegenwart der Einen Kraft einzustellen: Om-Singen, Mantras, Obertonklänge und vor allem eine Zeit der Stille, bevor man anfängt zu sprechen. Ein entscheidender Schlüssel bei diesem Austausch kann es sein, gemeinschaftlich ins Gebet, in die Stille, in Kontakt mit der Einen Kraft/Gott/Göttin zu gehen. »Und so empfängt jeder« die Gabe, die Gott ihm zugedacht hat«, heißt es im Ersten Korinther 12, 6 bis 11. Es ist in dem Kreis nicht notwendig und auch in der Regel nicht hilfreich, dass jemand seine ganze (Leidens-)Geschichte offenbart. Es reicht völlig aus, sich zu sammeln, in die Stille zu gehen und zu sagen: »Ich habe ein Problem mit ... und bitte um Hilfe in dieser Sache.«

Gelegentlich kann der eine oder andere zur Lösung beitragen, indem er aus der Inspiration heraus etwas dazu sagt. Hierbei sollte er bitten, dass die Eine Kraft durch ihn redet, und sich jeglichen persönlichen Belehrens enthalten. Vielleicht ähnelt der Ausdruck dann eher dem, was die Griechen unter »Orakel« verstanden: Man gibt eine Weisheit kund und überlässt dem anderen, was er damit anfangen will. Im Laufe des Zusammenkommens lernen die Teilnehmer auch immer klarer, Stimmen ihres Egos und der intellektuell gefärbten Sprachführung von Stimmen aus höherer Weisheit, dem »Reden aus der inneren Quelle«, zu unterscheiden. Aus dieser Einheit zu sprechen hat nichts mit Channeling zu tun. Man spürt sehr deutlich, ob das eigene Wort die Zuhörenden erhebt oder nur gewählt wird, um einer Doktrin Ausdruck zu verleihen oder selbst gut dazustehen. Wenn Sie im Zweifel sind, ist es besser zu schweigen.

Gehen Sie mit der Macht Ihres Mental-Trainings weise um. Man sagt, dass jeder nach dem Tode dort landet, wohin er am meisten imaginiert hat – oder um es mit Jesu Worten zu sagen: »Was ihr auf Erden binden werdet, soll auch im Himmel gebunden sein, und was ihr auf Erden lösen werdet, soll auch im Himmel gelöst sein. Wenn zwei unter euch eins werden auf Erden, worum sie bitten wollen, so soll es ihnen widerfahren von meinem Vater im Himmel. Denn wo zwei oder drei versammelt sind in meinem Namen, da bin ich mitten unter ihnen.« (Matthäus 18, 18–20). Vielleicht wollen Sie sich regelmäßig mit Gleichgesinnten treffen, um sich gegenseitig zu unterstützen.

Das Tor des Himmels öffnen

Die abschließende Technik verbindet Sie mit dem allumfassenden Bewusstsein und der höchsten Weisheit. Wann immer sich für Sie eine Frage stellt, können Sie diese Methode anwenden. Wenn ich nachfolgend schreibe, dass Sie nur in den linken Lungenflügel atmen sollen, dann ist nicht wichtig, ob der Atem tatsächlich, medizinisch nachweisbar, nur dorthin geht. Es sollte sich für Sie allerdings in dem Moment so anfühlen.

Das Gleiche gilt im übertragenen Sinne für die anderen Stufen. Bitte achten Sie darauf, dass Sie immer erst dann zum nächsten Schritt weitergehen, wenn Sie die aktuelle Stufe wirklich fühlen, also die jeweilige Frage nach dem Gefühl mit ein bis drei Eigenschaftsworten beschreiben können. Es genügt bei dieser Technik also nicht, die Dinge nur zu denken, genauer gesagt geht es darum »zu fühlen, ohne zu denken« beziehungsweise »wahrzunehmen, ohne zu denken«.

Das Tor des Himmels öffnen

Vorübung:

1. Beobachten Sie den Atem. Treiben Sie ihn weder voran noch unterdrücken Sie ihn. Erleben Sie, dass Sie »geatmet werden«.
2. Atmen Sie nur in den linken Lungenflügel.
3. Atmen Sie nur in den rechten Lungenflügel.
4. Atmen Sie in beide Lungenflügel gleichzeitig.
5. Atmen Sie von der Mitte aus senkrecht nach unten in den Bauch bis auf den Sitz. Spüren Sie die »Aufrichtekraft des Atems« oder ein Fundament. Wie fühlt sich das an?
6. Atmen Sie von der Mitte aus senkrecht nach oben in den Kopf. Wie fühlt sich das an?
7. Atmen Sie nun von der Mitte aus in beide Richtungen gleichzeitig. Wie fühlt sich das an? Entlastend? Frei?
8. Atmen Sie nach vorn und hinten gleichzeitig, etwa eine Armlänge weit. Wie fühlt sich das an?
9. Atmen Sie nun nach rechts und links, also zu beiden Seiten gleichzeitig. Wie fühlt sich das an?
10. Nun atmen Sie in alle Richtungen gleichzeitig, atmen Sie »in die eigene Aura«. Wie fühlt sich das an?

Hauptübung:

Denken Sie einen angenehmen Gedanken oder eine Wunsch-
qualität, nun allerdings »in« oder »mit« einer ganz bestimmten Körperregion (es bleibt Ihnen überlassen, ob Ihnen »in«
oder »mit« hilft, dort Ihr Gefühl wahrzunehmen). Denken Sie
beispielsweise »Stimmigkeit« oder »Lösung«. Finden Sie nun
jeweils Ihre eigenen Begriffe auf die Frage: Wie fühlt sich
dieser Gedanke an, wenn Sie ihn in der folgenden Körperregion denken:

1. In/mit der linken Gehirnhälfte? Zum Beispiel »klar«.
2. In/mit der rechten Gehirnhälfte? Zum Beispiel »räum-
   lich«.
3. Ganzhirnig? Dafür können Sie sich eine Schiebetür zwischen den beiden Gehirnhälften vorstellen und sie in
   Gedanken öffnen.
4. Nur in/mit dem Bauch? Zum Beispiel »weich«.
5. Nur in/mit dem dritten Auge, in der Stirnmitte/dem
   Meisterzentrum? Zum Beispiel »klar«.
6. Nur im/mit dem Raum über dem Kopf/Scheitelzentrum?
   Zum Beispiel »erhaben«.
7. Nur im/mit dem Herzen? Zum Beispiel »liebevoll«.
8. In/mit allen Denkräumen gleichzeitig? Zum Beispiel »ho-
   listisch«.
9. Als/mit dem Universum als Denkraum? Hierfür stellen Sie
   sich vor, Ihr Energiefeld sei wie ein Ei, das sich senkrecht
   teilt.
10. Der Eine? Fragen Sie sich hierfür: »Wer bin ich?« Erken-
    nen Sie sich als das Eine, aus dem das Universum hervor-
    gegangen ist, als Schöpfer des Universums, als umfassen-

der als das Universum. In dem Bewusstsein beantworten Sie Ihre Frage oder richten Ihre Aufmerksamkeit. Erleben Sie sich als der Eine.

Sie sind mehr als Ihr Verstand! Seien Sie sich stets bewusst, wer Sie *wirklich* sind! Leben Sie ein Leben, das Ihnen entspricht! Verwenden Sie die Technik »Das Tor des Himmels öffnen« immer wieder. Und leben Sie ein erfülltes Leben zum Segen von sich und Ihrer Umgebung! Ich wünsche Ihnen mit der Praxis des Mental-Trainings ein segensreiches Leben.

Anhang

Die Übungen

Der Autor

Kurt Tepperwein, geboren 1932, war erfolgreicher Unternehmer und Unternehmensberater, bevor er sich 1973 aus dem Wirtschaftsleben zurückzog und als Heilpraktiker die Ursachen von Krankheit und Leid untersuchte. Er war Dozent an internationalen Institutionen, unter anderem an der Friedensuniversität in Berlin. Seit 1997 ist Kurt Tepperwein Dozent an der Internationalen Akademie der Wissenschaften. Das von ihm geschaffene Mental-Training wurde von Topmanagern und Spitzensportlern begeistert aufgenommen. Kurt Tepperwein ist Autor vieler erfolgreicher Bücher. Zuletzt erschien von ihm die erste umfassende Darstellung seiner Methode zur bewussten Lebensgestaltung: *Das Leben als Meisterwerk. Die Tepperwein-Methode für Glück und Erfolg. Ariston 2006.*

Prof. Kurt Tepperwein
persönlich erleben

Wünschen Sie tiefer in das Thema des Buches einzusteigen oder den Autor einmal live zu erleben? Die Internationale Akademie der Wissenschaften bietet Ihnen die folgenden Seminare und Ausbildungen an:

Seminare /Ausbildung

- Motivationsseminare zu verschiedenen Themen (Tagesseminare)
- Ausbildung zum Dipl.-Lebensberater/in

Ausbildungen mit Felix Aeschbacher

- (Lehrbeauftragter von Kurt Tepperwein)
- Dipl.-Mental-Trainer/in
- Dipl.-Bewusstseins-Trainer/in
- Dipl.-Intuitions-Trainer/in
- Dipl.-Seminar-Leiter/in
- Meditations-Trainer/in (Zertifikat)

Heimstudienlehrgänge

- Einführungslehrgang »Die 7 Schritte zur Erfolgspersönlichkeit«
- Dipl.-Lebensberater/in
- Dipl.-Mental-Trainer/in
- Dipl.-Intuitions-Trainer/in
- Dipl.-Seminar-Leiter/in
- Dipl.-Erfolgs-Coach/in

- Dipl.-Gesundheits- und Ernährungsberater/in
- Dipl.-Partnerschafts-Mentor/in

Gesamtprogramme

- Gesamtseminar- und Ausbildungsprogramm IAW
- Neuheiten der Bücher, CD- und DVD-Programme von Kurt Tepperwein
- Gesundheitsprodukte-Programm

Dazu ein persönliches Geschenk:

- die 20-seitige Broschüre »Praktisches Wissen kurzgefasst« von Kurt Tepperwein

Sie erhalten Ihre gewünschten Informationen selbstverständlich kostenlos und unverbindlich bei:

Internationale Akademie der Wissenschaften IAW

St.-Markus-Gasse 11 · FL – 9490 Vaduz
Telefon 00423 233 12 12 · Fax 00423 233 12 14
Beratungssekretariat in Deutschland:
Telefon & Fax 0049 (0)911 69 92 47
E-Mail go@iadw.com · www.iadw.com